Fokus Mathematik

Lösungen

Gymnasium Klasse 7
Bayern

Cornelsen

Unter redaktioneller Mitarbeit von: Tatjana Denneler, Dana Severith

Redaktion: Ulrike Klein

Grafik: Christian Böhning

Umschlaggestaltung: finedesign - Büro für Gestaltung, Berlin

Screenshots: Cornelsen / Felix Arndt / © Microsoft ® Office. Nutzung mit Genehmigung von Microsoft

www.cornelsen.de

1. Auflage, 5. Druck 2024

Alle Drucke dieser Auflage sind inhaltlich unverändert
und können im Unterricht nebeneinander verwendet werden.

© 2019 Cornelsen Verlag GmbH, Mecklenburgische Str. 53, 14197 Berlin,
E-Mail: service@cornelsen.de

Das Werk und seine Teile sind urheberrechtlich geschützt.
Jede Nutzung in anderen als den gesetzlich zugelassenen Fällen
bedarf der vorherigen schriftlichen Einwilligung des Verlages.
Hinweis zu §§ 60a, 60b UrhG: Weder das Werk noch seine Teile dürfen ohne eine
solche Einwilligung an Schulen oder in Unterrichts- und Lehrmedien (§ 60b Abs. 3 UrhG)
vervielfältigt, insbesondere kopiert oder eingescannt, verbreitet oder in ein Netzwerk
eingestellt oder sonst öffentlich zugänglich gemacht oder wiedergegeben werden.
Dies gilt auch für Intranets von Schulen und anderen Bildungseinrichtungen.

Der Anbieter behält sich eine Nutzung der Inhalte für Text- und Data-Mining im
Sinne § 44b UrhG ausdrücklich vor.

Druck: Esser printSolutions GmbH, Bretten

ISBN 978-3-06-041056-9

Inhaltsverzeichnis

1. Terme und Variablen ... 5
 1.1 Terme und Termwerte ... 5
 1.2 Aufstellen und Interpretieren von Termen ... 8

2. Umformen von Termen ... 12
 2.1 Umformen von Produkten und Potenzen ... 12
 2.2 Umformen von Summen ... 16
 2.3 Ausmultiplizieren, Ausklammern ... 21
 2.4 Binomische Formeln ... 20
  Thema: Faktorisieren mithilfe der binomischen Formeln ... 21

3. Symmetrie von Figuren ... 23
 3.1 Achsensymmetrische Figuren ... 23
 3.2 Grundkonstruktionen ... 25
  Methode: Konstruktion mithilfe einer dynamischen Geometriesoftware ... 29
 3.3 Punktsymmetrische Figuren ... 29
 3.4 Symmetrische Vierecke ... 31

4. Winkelbetrachtungen an Figuren ... 34
 4.1 Zusammenhänge an Geraden- und Doppelkreuzungen ... 34
  Methode: Aussagen formulieren und beweisen ... 35
 4.2 Winkelsumme im Dreieck und Vieleck ... 35

5. Lineare Gleichungen ... 39
 5.1 Durch Probieren und Überlegen zur Lösung ... 39
 5.2 Mit Kalkül zur Lösung ... 41

6. Prozentrechung und Daten ... 45
 6.1 Vertiefung der Prozentrechnung ... 45
 6.2 Daten darstellen und auswerten ... 47
  Methode: Mit einer DGS Daten auswerten und darstellen ... 47

7. Kongruente Dreiecke ... 50
 7.1 Kongruenz von Figuren ... 50
 7.2 Kongruenzsätze für Dreiecke ... 52

8. Besondere Dreiecke ... 55
 8.1 Gleichschenkliges und gleichseitiges Dreieck ... 55
 8.2 Rechtwinklige Dreiecke ... 57

9. Konstruktionen ... 61
 9.1 Besondere Linien und Punkte im Dreieck ... 61
 9.2 Konstruktionen mithilfe von Dreiecken ... 66

1. Terme mit Variablen

1.1 Terme und Termwerte

Seite 9 | Einstieg
a) Gedachte Zahl: 5; Aufgabe: $(5 + 4) \cdot 2 - 2 \cdot 5 = 9 \cdot 2 - 10 = 18 - 10 = 8$
Gedachte Zahl: 3; Aufgabe: $(3 + 4) \cdot 2 - 2 \cdot 3 = 7 \cdot 2 - 6 = 14 - 6 = 8$
Gedachte Zahl: 10; Aufgabe: $(10 + 4) \cdot 2 - 2 \cdot 10 = 14 \cdot 2 - 20 = 28 - 28 = 8$
Gedachte Zahl: 1; Aufgabe: $(1 + 4) \cdot 2 - 2 \cdot 1 = 5 \cdot 2 - 2 = 10 - 2 = 8$
Gedachte Zahl: 15; Aufgabe: $(15 + 4) \cdot 2 - 2 \cdot 15 = 19 \cdot 2 - 30 = 38 - 38 = 8$
Das Ergebnis der Aufgabe ist immer 8.
b) $(x + 4) \cdot 2 - 2 \cdot x = 2 \cdot x + 2 \cdot 4 - 2 \cdot x = 2 \cdot 4 = 8$

Seite 12 | Aufgabe 1
a) $5x + 3x$ b) $(x - 5) \cdot 2$ c) $x \cdot (x + 1)$ d) $x^2 - 2x$

Seite 12 | Aufgabe 2
„Die Hälfte einer Zahl" wird mit den folgenden Termen berechnet: $a \cdot 0{,}5$; $a : 2$; $\frac{a}{2}$
Sonstige Terme: „$a - \frac{1}{2}$": Es wird von einer Zahl $\frac{1}{2}$ abgezogen; „$a : \frac{1}{2}$": Eine Zahl wird durch $\frac{1}{2}$ geteilt, also mit 2 multipliziert
„$\frac{1}{2} - a$": Eine Zahl wird von $\frac{1}{2}$ abgezogen.

Seite 12 | Aufgabe 3
Mikel muss eine Klammer setzen: $(x + 7) \cdot 2$, damit er die um 7 vermehrte Zahl x verdoppelt.
Tims Term ist richtig.
Alex hat nicht die Gegenzahl von 14 addiert, sondern die Zahl 14 selbst.

Seite 12 | Aufgabe 4
a) Addiere zu einer Zahl das Dreifache dieser Zahl.
b) Addiere zu einer Zahl den Quotienten aus dieser Zahl und 3.
c) Multipliziere eine Zahl mit der Summe aus der Hälfte dieser Zahl und 3.

Seite 12 | Aufgabe 5
Da sowieso die Regel „Punkt- vor Strichrechnung" gilt, kann man die Klammern weglassen.
Bei der Multiplikation mit Variablen kann man zur Vereinfachung den Malpunkt weglassen.
Die Reihenfolge der Faktoren in einer Multiplikation kann man verändern, da sich damit wegen des Kommutativgesetzes das Ergebnis nicht ändert.

Seite 12 | Aufgabe 6
a) $T(2) = 5 + 2 = 7$; $T(0{,}5) = 5 + 0{,}5 = 5{,}5$; $T(-3) = 5 + (-3) = 2$
b) $T(2) = 4 - 2 = 2$; $T(0{,}5) = 4 - 0{,}5 = 3{,}5$; $T(-3) = 4 - (-3) = 7$
c) $T(2) = 3 \cdot 2 + 2{,}5 = 8{,}5$; $T(0{,}5) = 3 \cdot 0{,}5 + 2{,}5 = 4$; $T(-3) = 3 \cdot (-3) + 2{,}5 = -6{,}5$
d) $T(2) = -2 \cdot 2 + 3 = -1$; $T(0{,}5) = -2 \cdot 0{,}5 + 3 = 2$; $T(-3) = -2 \cdot (-3) + 3 = 9$
e) $T(2) = 100 - 30 \cdot 2 = 40$; $T(0{,}5) = 100 - 30 \cdot 0{,}5 = 85$; $T(-3) = 100 - 30 \cdot (-3) = 190$
f) $T(2) = 3 - 2^2 = -1$; $T(0{,}5) = 3 - 0{,}5^2 = 2{,}75$; $T(-3) = 3 - (-3)^2 = -6$

Seite 12 | Aufgabe 7
a) $T(-5) = (-5 - 2) \cdot (4 \cdot (-5) + 3) = -7 \cdot (-17) = 119$; $T\left(\frac{1}{2}\right) = -1{,}5 \cdot 5 = -7{,}5$; $T(2) = 0$
b) $T(-5) = (-5 + 3) \cdot (2 \cdot (-5) - 1) = -2 \cdot (-11) = 22$; $T\left(\frac{1}{2}\right) = 3{,}5 \cdot 0 = 0$; $T(2) = 5 \cdot 3 = 15$
c) $T(-5) = (-(-5)) \cdot (-5 - 1) = 5 \cdot (-6) = -30$; $T\left(\frac{1}{2}\right) = -0{,}5 \cdot (-0{,}5) = 0{,}25$; $T(2) = -2 \cdot 1 = -2$
d) $T(-5) = -(-5) + 8 \cdot (-5 - 1) = 5 + 8 \cdot (-6) = -43$; $T\left(\frac{1}{2}\right) = -0{,}5 + (-4) = -4{,}5$; $T(2) = -2 + 8 = 6$
e) $T(-5) = (-5)^2 - 5 \cdot (-5) + 3 = 25 + 25 + 3 = 53$; $T\left(\frac{1}{2}\right) = 0{,}25 - 2{,}5 + 3 = 0{,}75$; $T(2) = 4 - 10 + 3 = -3$
f) $T(-5) = 10 \cdot (-5) + (-5)^2 = -50 + 25 = -25$; $T\left(\frac{1}{2}\right) = 5 + 0{,}25 = 5{,}25$; $T(2) = 20 + 4 = 24$

Seite 12 | Aufgabe 8
a) Anton hat in Spalte A verschiedene Zahlenwerte für x notiert. In der Spalte B hat er mithilfe der Formel für den Term T(x) die Termwerte berechnet. Mithilfe des Programms muss er die Formel nur einmal eingeben, die restlichen Termwerte kann das Programm automatisch bestimmen.
b) In der Zelle B2 steht der Termwert für x = 1. Der entsprechende x-Wert (also hier −1) steht in A2.
c) $T_1(-1) = \frac{2}{3} \cdot (-1)^{-1} - (-1)^2 = -\frac{2}{3} - 1 = -1\frac{2}{3}$; $T_1\left(\frac{1}{2}\right) = \frac{2}{3} \cdot \left(\frac{1}{2}\right)^{-1} - \left(\frac{1}{2}\right)^2 = 1\frac{1}{3} - \frac{1}{4} = 1\frac{1}{12}$;
$T_1\left(-\frac{1}{5}\right) = \frac{2}{3} \cdot \left(-\frac{1}{5}\right)^{-1} - \left(\frac{1}{5}\right)^2 = -3\frac{1}{3} - \frac{1}{25} = -3\frac{28}{75}$
$T_2(-1) = \frac{1}{5 \cdot (-1)^{-2}} = \frac{1}{5}$; $T_2\left(\frac{1}{2}\right) = \frac{1}{5 \cdot \left(\frac{1}{2}\right)^{-2}} = \frac{1}{20}$; $T_2\left(-\frac{1}{5}\right) = \frac{1}{5 \cdot \left(-\frac{1}{5}\right)^{-2}} = \frac{1}{125}$

Seite 12 | Aufgabe 9

a) Der Term ist eine Differenz.

	T(2; 3)	T(2; −3)	T($\frac{1}{3}$; −$\frac{1}{6}$)	T(−0,6; −0,8)
T(x;y) = x − 2y	−4	8	$\frac{2}{3}$	1

b) Der Term ist ein Produkt.

	T(2; 3)	T(2; −3)	T($\frac{1}{3}$; −$\frac{1}{6}$)	T(−0,6; −0,8)
T(x;y) = 3(x + 2y)	24	−12	0	−6,6

c) Der Term ist eine Summe.

	T(2; 3)	T(2; −3)	T($\frac{1}{3}$; −$\frac{1}{6}$)	T(−0,6; −0,8)
T(x;y) = x² + y²	13	13	$\frac{5}{36}$	1

Seite 13 | Aufgabe 10

a)

b)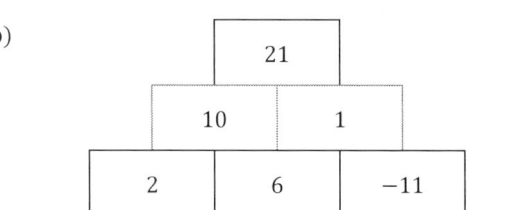

Seite 13 | Aufgabe 11

a) Richtige Lösung: $T(2) = 4 \cdot 2 + 3 \cdot \frac{1}{4} = 8 + \frac{3}{4} = 8{,}75$
   Lara hat im ersten Summand den Malpunkt vergessen.
b) Richtige Lösung: $T(2) = 2 + 2^2 = 6$; $T\left(\frac{1}{4}\right) = \frac{1}{4} + \left(\frac{1}{4}\right)^2 = \frac{5}{16}$
   Eine Variable steht immer für genau eine Zahl. Sind zwei Werte für die Variable gegeben, gibt es auch zwei Termwerte.
c) Richtige Lösung: $T(2;-2) = 3 \cdot 2 - (-2) = 8$
   Lara hat für b die Zahl 2 und nicht wie angegeben −2 eingesetzt.
d) Richtige Lösung: $T\left(-\frac{1}{3}\right) = 3 \cdot \left(-\frac{1}{3}\right) \cdot \left(-\frac{1}{3}\right)^2 = -\frac{1}{9}$
   Da ein negativer Wert für die Variable eingesetzt wird, müssen um den Zahlenwert Klammern gesetzt werden.
e) Der Term T(y) ist für y = 3 nicht definiert, da der Nenner bei diesem Wert null wird. Für diesen Variablenwert gibt es also keinen Termwert.

Seite 13 | Aufgabe 12

a) Falsch; Gegenbeispiel: Für x = 47 ist T(47) = 45 − 47 = −2 Der Termwert ist dann keine natürliche Zahl.
b) Falsch; Gegenbeispiel: x = 1, y = 10. T(1,10) = 2 · 1 − 10 = −8 Der Subtrahend ist größer als der Minuend.
c) Die Aussage stimmt, denn die Summe zweier natürlicher Zahlen ist eine natürliche Zahl. 2x ist für jede natürliche Zahl x eine gerade Zahl. Es werden hier also zwei geraden Zahlen addiert, damit ist das Ergebnis wieder eine gerade Zahl.
d) Falsch; denn dann wäre 3x = 14. Diese gilt für keine natürliche Zahl.

Seite 13 | Aufgabe 13

a) T(0) = 8; T(8) = 0; T(1) = 7; T(7) = 1; T(5) = 3; T(3) = 5; T(−2) = 10; T(10) = −2
   Das Ergebnis der zweiten Rechnung ist die Zahl, die man in die erste Rechnung eingesetzt hat.
b) T(4) = 4
c) Beispiele: $T_1(x) = -x + 6$, $T_1(3) = 3$; $T_2(x) = -x + 20$, $T_2(10) = 10$

Seite 13 | Aufgabe 14

a) $4x^2 - 3$. Die Termwerte für x = −1 und x = 1 stimmen überein und betragen 1.
b) Fehler im ersten Druck: In der ersten Tabellenspalte muss bei T(x) stehen: −9. Dann gilt:
   Die Werte werden beschrieben durch den Term 5 + 7x.

Seite 13 | Aufgabe 15

Paula muss noch $x = \frac{2}{3}$ überprüfen. $T_1\left(\frac{2}{3}\right) = \left(\frac{2}{3}\right)^3 - \left(\frac{2}{3}\right)^2 = \frac{4}{27}$; $T_2\left(\frac{2}{3}\right) = 2 \cdot \frac{2}{3} = \frac{4}{3}$. Da diese Termwerte nicht übereinstimmen, sind die beiden Terme nicht bezüglich der angegebenen Menge äquivalent, sondern nur bezüglich der Menge {−1; 0; 2}.

Seite 14 | Aufgabe 16

a)
n	−2	−0,5	1
$T_1(n) = n^2 + 2n + 1$	1	0,25	4
$T_2(n) = (n + 1)^2$	1	0,25	4

Die beiden Terme sind äquivalent.

b)

x	−3	3	$\frac{1}{3}$
$T_1(x) = \frac{(9-x^2)^2}{2}$	0	0	$\frac{3200}{81}$
$T_2(x) = \left(\frac{9-x^2}{x}\right)^2$	0	0	$\frac{1600}{81}$

Die beiden Terme sind nicht äquivalent.

c)

a; b	−3; −1	−1; 0	$\frac{1}{2}; \frac{1}{3}$
$T_1(a; b) = (a+b)(a-b)$	8	1	$\frac{5}{36}$
$T_2(a;b) = a^2 - b^2$	8	1	$\frac{5}{36}$

Die beiden Terme sind äquivalent. Es handelt sich bei beiden Termen um die 3. Binomische Formel.

Seite 14 | Aufgabe 17

a)

x	0,4	−2	$\frac{1}{2}$
$T(x) = (4-x) + 2x$	4,4	2	4,5

Addiere zu der Differenz von 4 und einer Zahl das Doppelte der Zahl.

b)

x	0,4	−2	$\frac{1}{2}$
$T(x) = (7x^2 + 4x) : 3$	$\frac{68}{75}$	$6\frac{2}{3}$	1,25

Berechne die Summe aus dem Siebenfachen einer quadrierten Zahl und dem Vierfachen der Zahl. Dividiere das Ergebnis durch 3.

Seite 14 | Aufgabe 18

a)
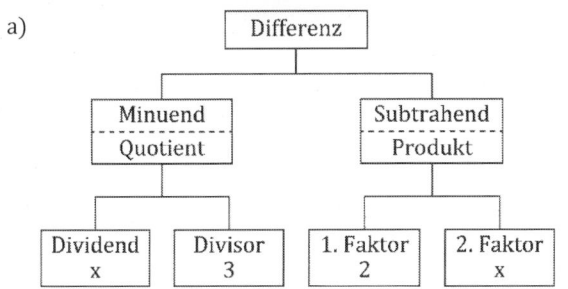
$T(x) = x : 3 - 2x$. Der Term ist eine Differenz.

b)
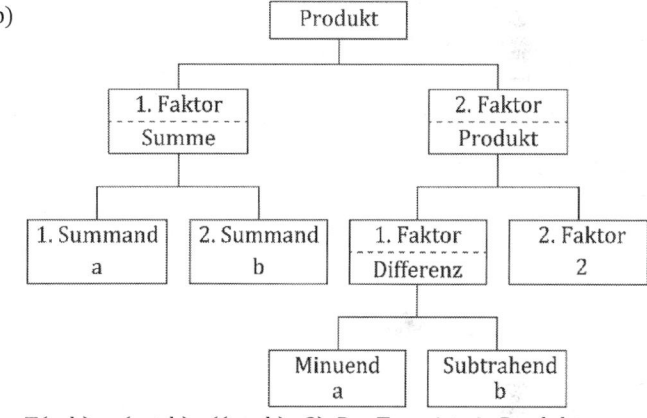
$T(a; b) = (a+b) \cdot ((a-b) \cdot 2)$. Der Term ist ein Produkt.

c)
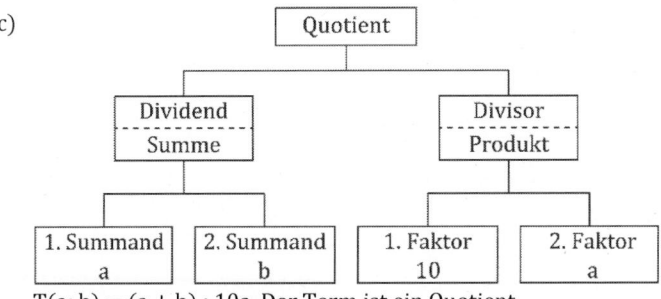
$T(a; b) = (a+b) : 10a$. Der Term ist ein Quotient.

Seite 14 | Aufgabe 19

a) $T(x) = 3x + (7 : x - x^2)$ b) $T(x) = (3x + 7) : (x - x^2)$ c) $T(x) = 3(x + 7 : x - x^2)$ d) $T(x) = (3x + 7 : x - x)^2$

Seite 14 | Aufgabe 20

a) $T(a) = a - 3$
Der Termwert ist stets um 3 geringer als der Wert für a.

a	0	7
$T(a) = a - 3$	−3	4

b) $T(b) = b \cdot (-3)$
Der Termwert hat ein anderes Vorzeichen als b und sein Betrag ist dreimal so groß.

b	3	15
$T(b) = b \cdot (-3)$	−9	−45

Seite 15 | Aufgabe 21

a) Beispiele: $T_1(n) = 5 + n \cdot 2$ für n = 1, 2, 3; $T_2(n) = 3 + n \cdot 2$ für n = 2, 3, 4; $T_3(n) = 1 + n \cdot 2$ für n = 3, 4, 5
b) Beispiele: $T_1(a) = -5 + a \cdot 3{,}5$ für a = 0, 1, 2; $T_2(a) = -8{,}5 + a \cdot 3{,}5$ für a = 1, 2, 3; $T_3(a) = -12 + a \cdot 3{,}5$ für a = 2, 3, 4

Seite 15 | Aufgabe 22
a) Beispiel: $T(a; b) = 2a - b$
b) Beispiele: $T_1(a; b) = a + b$, $T_2(a; b) = a \cdot b$, $T_3(a; b) = 5a + 5b$
c) Beispiele: $T_1(a; b) = a - b$, $T_2(a; b) = 5a - 5b$, $T_3(a; b) = 20a - 20b$
d) In Aufgabenteil a) muss der erste Summand doppelt so groß sein wie der zweite Summand. Bei Aufgabenteil b findet man nur Summen und Produkte. Bei Aufgabenteil c findet man nur Differenzen.

Seite 15 | Aufgabe 23
a) B10, f_x =(100-A10)*A10

	A	B	C	D
1	x	T(x)		
2	42	2436		
3	43	2451		
4	44	2464		
5	45	2475		
6	46	2484		
7	47	2491		
8	48	2496		
9	49	2499		
10	50	2500		
11	51	2499		
12	52	2496		
13	53	2491		
14	54	2484		
15	55	2475		

b) B7, f_x =(10-A7)*A7

	A	B	C	D
1	x	T(x)=(10-x)*x		
2	0	0		
3	1	9		
4	2	16		
5	3	21		
6	4	24		
7	5	25		
8	6	24		
9	7	21		
10	8	16		
11	9	9		
12	10	0		
13	11	-11		

Der Wert für x, bei dem der Termwert maximal wird, entspricht der Hälfte der ersten Zahl im Term. So wird beispielsweise $T(x) = (10 - x) \cdot x$ für $x = 5$ maximal.

Seite 15 | Aufgabe 24
a) Bei $T_2(a) = 2a - 5$ steigt der Wert am schnellsten an.
b) Bei $T_1(b) = 2{,}5b - 2{,}5$ steigt der Wert am schnellsten an.
c) Bei $T_1(c) = 0{,}25c + 2$ steigt der Wert am schnellsten an.

Seite 15 | Aufgabe 25
(1) Für $x = 0$ wird der Termwert 0 und damit minimal.
Es lässt sich kein maximaler Termwert finden, da der Termwert immer größer wird, je größer der Betrag von x ist.
(2) Für $n = 1$ wird der Termwert maximal: $T(1)=20$.
Es lässt sich kein minimaler Termwert finden, da der Termwert für größere natürliche Zahlen immer kleiner wird.
(3) Für $n = 1$ wird der Termwert minimal: $T(1)=20 - (1 - 1) = 20$.
Es lässt sich kein minimaler Termwert finden, da der Termwert für größere natürliche Zahlen immer größer wird.

Seite 15 | Aufgabe 26
a) Es soll gelten: $a \cdot b = 5000$ und $a + b = 633$. Daraus folgt $b = \frac{5000}{a}$ und $a + \frac{5000}{a} = 633$.
Dies ist eine lösbare Gleichung, also gibt es für a und b Zahlen, die diese Bedingungen erfüllen, nämlich 625 und 8.
b) Es soll gelten: $a \cdot b = 5000$ und $a - b = 1236$. Daraus folgt $b = \frac{5000}{a}$ und $a - \frac{5000}{a} = 1236$.
Dies ist eine lösbare Gleichung, also gibt es für a und b Zahlen, die diese Bedingungen erfüllen. Allerdings handelt es sich nicht um natürliche Zahlen, es ergibt sich $a \approx 1240$ und $b \approx 4{,}03$

Seite 15 | Aufgabe 27
a) $T_1(1{,}5) = 2{,}45 : (2 + 1{,}5) - 1{,}5 \cdot \left(1\frac{1}{6} - (2 - 1{,}5)\right) = 2{,}45 : 3{,}5 - 1{,}5 \cdot \left(\frac{7}{6} - \frac{3}{6}\right) = 0{,}7 - 1{,}5 \cdot \frac{2}{3} = 0{,}7 - 1 = -0{,}3$

b) $2{,}\overline{3} = 2\frac{1}{3} = \frac{7}{3}; T_2\left(\frac{7}{3}; 0{,}5\right) = \left(2 + 2 \cdot \frac{7}{3} \cdot \frac{3}{4}\right)^2 - \left(\frac{7}{3} - 1{,}15\right) : \frac{0{,}007}{0{,}5} = \left(8\frac{2}{9}\right)^2 - \frac{71}{60} : 0{,}014 = 67\frac{49}{81} - 84\frac{11}{21} = -16\frac{521}{567}$

c) $T_3\left(3{,}2; 0{,}6; \frac{4}{7}\right) = \left(\frac{3{,}2}{0{,}6} + \frac{0{,}6}{3{,}2} : \frac{1}{5}\right) \cdot \frac{4}{7} - \left(\frac{4}{7} - 0{,}\overline{4}\right) : \frac{1}{0{,}6} = \left(\frac{16}{3} + \frac{15}{16}\right) \cdot \frac{4}{7} - \frac{8}{63} \cdot \frac{5}{3} = 3\frac{7}{12} - \frac{40}{189} = 3\frac{115}{252} \approx 3{,}46$

1.2 Aufstellen und Interpretieren von Termen

Seite 16 | Einstieg
$2a + 2c + 2a$: Umfang des Trapezes (Summer der Seitenlängen)
$2a + 2c$: Umfang des Rechtecks (Summe der Seitenlängen)
$a \cdot c$: Flächeninhalt des Rechtecks (Produkt der Seitenlängen)
$2a \cdot b$: Flächeninhalt des Trapezes (Produkt aus Grundseite und Höhe)

Seite 18 | Aufgabe 1
$2 \cdot a + 2 \cdot c$: Umfang des Drachens; $a \cdot b : 2$: Flächeninhalt des Dreiecks; $a + b + c$: Umfang des Dreiecks;
$a + 2a + 2 \cdot c$: Umfang des Trapezes; $\frac{(a+2a) \cdot b}{2}$: Flächeninhalt des Trapezes; $b \cdot \frac{c}{2}$: Flächeninhalt des Drachens

Seite 19 | Aufgabe 2
Beim ersten Term wurde die Figur horizontal in zwei Rechtecke unterteilt, beim zweiten Term wurde die Figur vertikal in zwei Rechtecke unterteilt. Dann wurde der Flächeninhalt der beiden Rechtecke berechnet und die Ergebnisse wurden addiert.

Seite 19 | Aufgabe 3
Beispiele:
$A_1(x) = 100 - ((10 - x) \cdot 4 : 2); A_2(x) = 60 + 4x + (10 - x) \cdot 4 : 2$

Seite 19 | Aufgabe 4
a) $T(x; y) = (5 + x) \cdot y + (8 - y) \cdot x; T(8; 2) = (5 + 8) \cdot 2 + (8 - 2) \cdot 8 = 74$
b) $T(x; y) = x \cdot 4 + (4 - y) \cdot (x - 7) + xy; T(8; 2) = 8 \cdot 4 + (4 - 2) \cdot (8 - 7) + 8 \cdot 2 = 50$

Seite 19 | Aufgabe 5
(1) Ab 10 Personen ist der Eintritt für 2 Personen kostenlos.
(2) Ab 10 Personen zahlt jede Person nur die Hälfte
(3) Gruppen ab 10 Personen erhalten einen Rabatt von 10 % auf den Eintrittspreis.

Seite 19 | Aufgabe 6
a) (1): Jede Stunde kostet 12 €, es gibt keinen Jahresbeitrag.
(2): Der Jahresbeitrag beträgt 50 €, jede einzelne Stunde kostet 10 €.
(3): Der Jahresbeitrag beträgt 350 € und ist unabhängig von der Stundenanzahl.

b) Sobald Jan mehr als 30 Stunden pro Jahr spielt, lohnt sich Verein 3. Spielt Jan zwischen 25 und 30 Stunden pro Jahr, sollte er sich für Verein 2 entscheiden. Spielt Jan unter 25 Stunden pro Jahr, sollte er sich für Verein 1 entscheiden. Das Programm ist zur Berechnung sinnvoll, da es die vielen Werte automatisch berechnen kann.

Seite 19 | Aufgabe 7
a)
Sachverhalt	Sie spart pro Monat 10 €.	Sie spart x Monate.	Ihre Oma gibt ihr 15 € dazu.	Ihre Eltern verdoppeln das Geld.
Term	10	$10 \cdot x$	$10 \cdot x + 15$	$(10 \cdot x + 15) \cdot 2$

b) $T(12) = (10 \cdot 12 + 15) \cdot 2 = 270$: In einem Jahr würde Maja 270 € sparen.

Seite 20 | Aufgabe 8
a) Es gibt zwei Umzugshelfer. Jeder schafft es, 20 Kisten pro Stunde zu laden und entladen. Deswegen steht der erste Summand $\frac{120}{20 \cdot 2}$ für die Anzahl der Stunden, die für das Packen von Kisten benötigt werden. Der zweite Summand steht für die Fahrtzeit, die unabhängig von der Zahl der Kisten ist.
b) Die 2 wird durch 3 ersetzt: Es gibt 3 Umzugshelfer.
Die 20 wird durch 15 ersetzt: Jeder Helfer schafft pro Stunde 15 Kisten.
Die 4 wird durch 2 ersetzt: Die Fahrt dauert 2 Stunden.
Die 120 wird durch ein x ersetzt: x ist die Anzahl der zu transportierenden Kisten, die noch nicht feststeht.

Seite 20 | Aufgabe 9
x: Anzahl der Mädchen
a) $T(x) = 4x$ b) $T(x) = 3x$ c) $T(x) = 2x + 3$ d) $T(x) = x + (x - 2)$ e) $T(x) = 2x$

Seite 20 | Aufgabe 10
a) x: Anzahl der Murmeln von Julia; $T(x) = 2x + 3$
b) x: Taschengeld von Lius, $T(x) = x + 4x = 5x$
c) x: Alter von Pia, $T(x) = (x - 2) + x + (x + 4) = 3x + 2$
d) x: Preis vor Rabatt, $T(x) = 0{,}7x$

Seite 20 | Aufgabe 11
a) (1) x Frauen und 5 Männer (2) 3 Männer weniger als Frauen (3) Ein Mann mehr als Frauen
(4) Halb so viele Männer wie Frauen (5) Es sind nur Frauen da. (6) Gleich viele Männer und Frauen
b) $T(x) = x - 3$ bedeutet, dass die gesamte Teilnehmerzahl um 3 geringer ist als die Anzahl der anwesenden Frauen. Das ist nicht sinnvoll.

c) Der Term bedeutet, dass 5 Männer weniger als Frauen anwesend sein. Das bedeutet, dass mindestens 5 Frauen anwesend sein müssen, sonst ergibt sich für die Anzahl der Männer eine negative Zahl.

Seite 20 | Aufgabe 12
a) x: Anzahl der teilnehmenden Personen, T(x) = 550 : x + 4, T(26) = 550 : 26 + 4
b) (1) Der Preis für den Bus wird auf 29 anstelle von 26 Personen aufgeteilt: T(x) = 550 : 29 + 4
   (2) Der Preis für den Bus wird auf 27 anstelle von 26 Personen aufgeteilt: T(x) = 550 : 27 + 4
   (3) Der Bus kostet mehr Geld: T(x) = 650 : 26 + 4
   (4) Der zweite Summand erhöht sich auf 6: T(x) = 550 : 26 + 6
c) x: Anzahl der teilnehmenden Personen, y: Höhe des Eintrittspreis T(x; y) = 550 : x + y

Seite 21 | Aufgabe 13
Bei Mia steht die Variable x für die Anzahl der Betreuer. Die Personenanzahl setzt sich aus der Anzahl der Betreuer und dazu 6 Kindern pro Betreuer zusammen. Bei Pit steht die Variable x für die Anzahl der Kinder. Die Personenanzahl setzt sich aus der Anzahl der Kinder und einem Betreuer pro 6 Kindern zusammen. Tims Term entspricht Pits Term, denn $\frac{1}{6}x$ ist das gleiche wie $\frac{x}{6}$.

Seite 21 | Aufgabe 14

Anzahl der Geraden	2	3	4	5	6
Anzahl der Schnittpunkte	1	3	6	10	15

Jede neu hinzugekomme Gerade schneidet die vorhandenen Geraden einmal. Also erhöht sich die Anzahl der Schnittpunkte bei der n-ten Geraden um (n − 1). Für die (maximale) Anzahl der Schnittpunkte von n Geraden gilt allgemein $\frac{n^2-n}{2}$.

Seite 21 | Aufgabe 15
Der Term 4x + 1 stimmt, denn bei allen Würfeln sieht man 4 Seitenflächen und hinzu kommt die Fläche der Turmoberseite.
Der Term 6x − 2x stimmt nicht. Er beschreibt, dass man bei jedem Würfel von den 6 Flächen nur 4 sieht. Das stimmt aber nicht, da man vom oben liegenden Würfel die Kopffläche sehen kann.
Der Term 5 + 4(x − 1) stimmt, denn beim ersten Würfel sieht man 5 Würfelflächen. Wenn ein Würfel hinzugefügt wird, sind 4 weitere Flächen sichtbar.

Seite 21 | Aufgabe 16
a) (1) rote Punkte: R(n) = (n − 1) · 4   (2) blaue Punkte: B(n) = (n − 2)²
b) individuelle Lösungen   c) individuelle Lösungen, Beispiel:

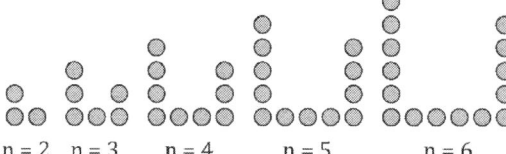

Seite 22 | Aufgabe 17
Pauline: Das erste Dreieck besteht aus drei Streichhölzern, jedes weitere aus zwei zusätzlichen.
Cynthia: Man legt zunächst ein Streichholz und bildet dann mit jeweils zwei weiteren ein weiteres Dreieck.

Seite 22 | Aufgabe 18
a) T(x; y) = xy: Anzahl der von Max gesägten Stücke
   T(x; y) = xy + 2x · 2y: Anzahl der gesägten Stücke von Max und seinem Bruder
b) individuelle Lösungen, Beispiele:
   T(x) = x + 2x: Max hat x Holzleisten, sein Bruder hat doppelt so viele. Beide sägen jede Leiste in gleich viele Stücke.
   T(x) = xy + 2x · 0,5y. Max hat x Holzleisten, die er jeweils in y Stücke sägt. Sein Bruder hat doppelt so viele Holzleisten, welche er in doppelt so viele Stücke sägt.

Seite 22 | Aufgabe 19
a) (1) (150 + x) : 4; (2) (150 + 4) : x   b) individuelle Lösungen

Seite 22 | Aufgabe 20
a) Gelbes Paket: T(a; b; c) = (4a + 4b + 4c); rotes Paket: T(a; b; c) = (2a + 2b + 4c)
   Schnur für beide Pakete: T(a; b; c) = 4a + 4b + 4c + 2y + 2b + 4c = 6a + 6b + 8c

b)

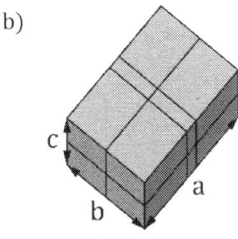 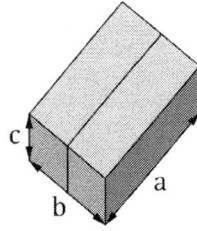 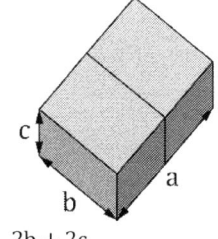 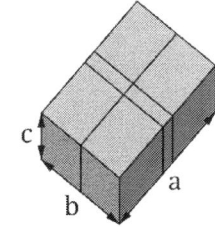

4a + 6b + 6c   2a + 2c   2b + 2c   2a + 4b + 6c

Keine Schnurlänge geben die Terme 4a + 4b + 6c und 2a + 2b + c an.

Seite 23 | Aufgabe 21

a)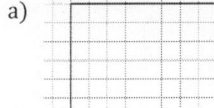
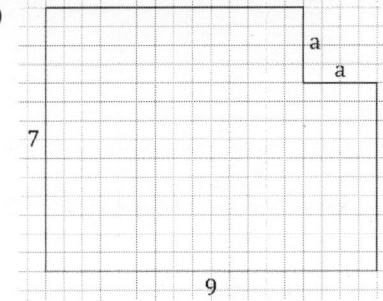

b)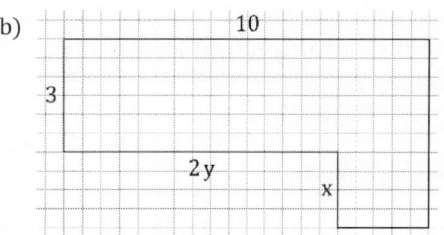

Seite 23 | Aufgabe 22

a) $T(x) = 4 + (x - 1) \cdot 12$

b) Beispiele:

(1)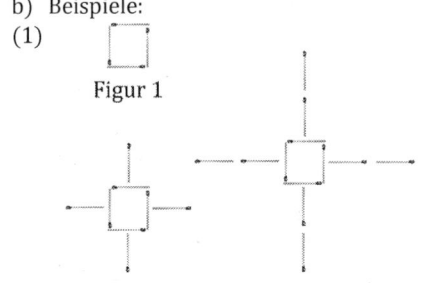

Figur 1   Figur 2   Figur 3

(2)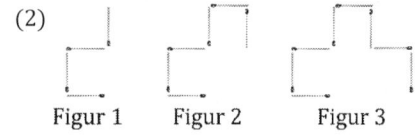

Figur 1   Figur 2   Figur 3

Seite 23 | Aufgabe 23

a) $A = 12 \cdot 8 = 96$ (cm²)   b) $A(x) = (12 + 2x) \cdot (8 - x)$

c) Die Werte von x müssen kleiner als 8 cm sein, damit das Rechteck eine Höhe hat, die nicht gleich Null oder negativ ist.

d) Für $x = 1$ wird der Flächeninhalt maximal.

Seite 23 | Aufgabe 24

a) $V(x) = (14 - 2x) \cdot (10 - 2x) \cdot x$

b) Das stimmt nicht. Zwar nimmt die Höhe der Schachtel bei tieferen Einschnitten an den Ecken zu, jedoch verkleinert sich auch die Länge oder Breite der Schachtel.

c) Für $x = 1{,}92$ cm ist das Volumen maximal.

Seite 24 | Aufgabe 25

a)
Schritte n	1	2	3	4
Strecken	1	4	16	64

b) $S(n) = 4^{(n-1)}$

c) individuelle Lösungen

Seite 24 | Aufgabe 26

$T(n) = (4 + (n - 1) \cdot 2) \cdot n = (4 + 2n - 2) \cdot n = (2 + 2n) \cdot n = (1 + n) \cdot 2n$

Seite 24 | Aufgabe 27

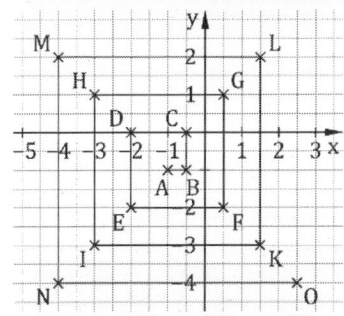

a) $\overline{AB} = 1, \overline{BC} = 2, \overline{CD} = 3, \overline{DE} = 4, \overline{EF} = 5, \overline{FG} = 6, \overline{GH} = 7, \overline{HI} = 8, \overline{IK} = 9, \overline{KL} = 10$

b) siehe Zeichnung oben, Koordinaten des Punktes O: O(2,5|−4)

c) Summe aller Kästchenlängen von A bis O: 91

d) $T(2) = 3, T(3) = 6, T(4) = 10, T(5) = 15$; allgemein: $T(n) = 0{,}5 \cdot (n^2 + n)$

2. Umformen von Termen

2.1 Umformen von Produkten und Potenzen

Seite 30 | Einstieg

Es ist $b \cdot 2 \cdot a \cdot 3 = 6ab$ und $3a^2b = 3 \cdot a \cdot b \cdot a$.

Seite 32 | Aufgabe 1

a) $2 \cdot a \cdot a = 2a^2$
b) $3 \cdot c \cdot c \cdot c \cdot a = 3ac^3$
c) $b \cdot 2 \cdot b \cdot b \cdot 0,5 = b^3$
d) $3ab \cdot 3ab = (3ab)^2$
e) $ab^2 \cdot ab \cdot ac^2 = a^3b^3c^2$
f) $-2x \cdot xy \cdot x^2 \cdot 0,1x = -0,2x^5y$

Seite 32 | Aufgabe 2

Im ersten Schritt wurden die Faktoren vertauscht und nach dem Alphabet geordnet. Der Faktor $-a$ wurde zu $(-1) \cdot a$ umgeschrieben. Im zweiten Schritt wurden die Faktoren weiter geordnet und gleiche Faktoren zusammengefasst (denn $a \cdot a = a^2$). Im letzten Schritt wurden die Faktoren weiter zusammengefasst: $4 \cdot (-0,5) \cdot (-1) = 2$

Seite 32 | Aufgabe 3

a) $2 \cdot c \cdot (5 \cdot a \cdot 3 \cdot b) = 30abc$
b) $4c \cdot \left(\frac{1}{2}c \cdot 13a\right) = 26ac^2$
c) $(8 \cdot x \cdot 2,5 \cdot y) \cdot 4 \cdot x = 80x^2y$
d) $-4 \cdot a \cdot 3 \cdot b \cdot (-0,5) = 6ab$
e) $(3c \cdot 4ab) \cdot ab \cdot \frac{5}{6} = 10a^2b^2c$
f) $8yz \cdot \frac{1}{2}x \cdot (-3xy) = -12x^2y^2z$
g) $1,2e \cdot 0,5f \cdot 5e = 3e^2f$
h) $\frac{1}{2}z \cdot (-5x) \cdot (-4zx) = 10x^2z^2$
i) $\frac{1}{8}a \cdot (-0,2b) \cdot \frac{1}{3}ab \cdot 0,25b = -\frac{1}{480}a^2b^3$

Seite 32 | Aufgabe 4

Beispiele:
a) $(6abc) \cdot (4a); (24abc) \cdot a; (-2ab) \cdot (-12ac)$
b) $(0,2a^2b) \cdot b; (0,1a) \cdot (2ab^2); (-1ab) \cdot (-0,2ab)$
c) $(1,2xyz) \cdot (x^2z); (0,1x^3) \cdot (12yz^2); (1,2x) \cdot (x^2yz^2)$

Seite 32 | Aufgabe 5

a) $8a \cdot 6b = 48ab$
b) $\frac{1}{4}a \cdot 48bc = 12abc$
c) $8ac \cdot \frac{1}{2}c = 4ac^2$

Seite 32 | Aufgabe 6

a) $(3x \cdot 4y) \cdot (3y \cdot 4x) = (12xy)^2 = 144x^2y^2$
b) $(xyz)^3 \cdot (2x \cdot yz) = x^3y^3z^3 \cdot 2xyz = 2x^4y^4z^4 = 2(xyz)^4$

Seite 32 | Aufgabe 7

a) $x^7 \cdot x^5 = x^{12}$
b) $a^8 \cdot 3a^5 = 3a^{13}$
c) $5x \cdot 8y \cdot 9z = 360xyz$
d) $2xy \cdot (-5) \cdot 39y = -390xy^2$
e) $\frac{1}{2}x \cdot \frac{x}{2} \cdot (-5x) = -1,25x^3$
f) $0,2x \cdot (-0,8xy) \cdot (-0,1yz) = 0,016x^2y^2z$

Seite 32 | Aufgabe 8

a) $(ab)^3 = a^3b^3$: Das Produkt $a \cdot b$ wird potenziert, indem jeder Faktor mit dem gemeinsamen Exponenten 3 potenziert wird.
b) $8x^3y^3z^3 = (2xyz)^3$: schreibt man $8 = 2^3$, so kann man die Potenzierung der einzelnen Faktoren zusammenfassen.
c) $(c^2)^3 = c^6$, denn es ist $(c^2)^3 = c^2 \cdot c^2 \cdot c^2 = c^6$
d) $(3w^3)^2 = 9w^6$, denn es ist $(3w^3)^2 = 3w^3 \cdot 3w^3 = 3^2 \cdot w^6 = 9w^6$
e) $(2w^2)^3 = 8w^6$, denn es ist $(2w^2)^3 = 2w^2 \cdot 2w^2 \cdot 2w^2 = 2^3 \cdot w^6 = 8w^6$
f) $(3a^2b)^3 = 8w^6$, denn es ist $(3a^2b)^3 = 3a^2b \cdot 3a^2b \cdot 3a^2b = 3^3 \cdot a^6 \cdot b^3 = 27w^6b^3$

Seite 32 | Aufgabe 9

a) Beide Faktoren haben einen gemeinsamen Exponenten. Deswegen lässt sich als erster Schritt das Produkt $2^5 \cdot 5^5$ zu $(2 \cdot 5)^5$ umschreiben. Im zweiten Schritt hat Max das Produkt in der Klammer ausgerechnet und dann die Potenz berechnet.
b) ① $25^3 \cdot 4^3 = (25 \cdot 4)^3 = 100^3 = 1\,000\,000$
② $2^3 \cdot 3^3 = 8 \cdot 27 = 216$
③ $0,25^5 \cdot (-8)^5 = (0,25 \cdot (-8))^5 = (-2)^5 = -32$

Seite 32 | Aufgabe 10

Schreibt man die Potenzen aus, so ist: $3x^2 = 3 \cdot x \cdot x$; $3^2x = 3 \cdot 3 \cdot x$; $(3x)^2 = 3x \cdot 3x = 3 \cdot 3 \cdot x \cdot x$
Daran sieht man, dass die Terme nicht äquivalent sind.

Seite 32 | Aufgabe 11

a) $(-a) \cdot b = -ab$
b) $(-a) \cdot b^2 = -ab^2$
c) $(-a)^2 \cdot b = a^2b$
d) $(-a^2) \cdot b = -a^2b$
e) $(-a)^3 \cdot b^2 = -a^3b^2$
f) $a^2 \cdot (-b)^3 = -a^2b^3$

Seite 33 | Aufgabe 12

a) $2^2a^2 \cdot 12a^3b^7 = 48a^5b^7$
b) $(2x^3)^3 \cdot 2xy^2 = 16x^{10}y^2$
c) $(3xy^2)^2 \cdot (2x^3y)^2 = 36x^8y^6$
d) $(3s^2)^2 \cdot (s \cdot t)^4 = 9s^8t^4$

Seite 33 | Aufgabe 13

a) Die Aussage ist richtig, denn es gilt: $V = a \cdot a \cdot h = a^2h$ und $V_{neu} = \left(\frac{1}{2}a\right)^2 \cdot h = \frac{1}{4}a^2h = \frac{1}{4}V$
b) Für die Mantelfläche gilt: $A = 2a^2 + 4ah$ und $A_{neu} = 2 \cdot \left(\frac{1}{2}a\right)^2 + 4 \cdot \frac{1}{2}a \cdot h = \frac{1}{2}a^2 + 2ah = \frac{1}{2}(a^2 + 4ah) \neq \frac{1}{2}A$
Die Aussage ist somit falsch.

Seite 33 | Aufgabe 14

$2xy^2 = y \cdot 2yx$; $2(xy)^2 = 2x^2y^2$; $(2xy)^2 = (2x)^2y^2 = 4x^2y^2 = 4(xy)^2$

Seite 33 | Aufgabe 15
Beispiele:
a) $27x^3y^3 = 3^3x^3y^3 = (3xy)^3 = (3x)^3y^3$
b) $\frac{1}{16}a^8b^4 = \left(\frac{1}{4}a^4b^2\right)^2 = \frac{1}{16}(a^2b)^4 = \left(\frac{1}{4}a^2b\right)^4$
c) $(6xy^2z^3)^2 = 36x^2y^4z^6 = 36x^2(y^2z^3)^2 = (6x)^2y^4z^6$
d) $64(a^4b^2)^2 = 64a^8b^4 = (8a^4b^2)^2 = 4^3(a^2b)^4$

Seite 33 | Aufgabe 16
Grün: a) $7{,}5x^2y^3$ b) $\frac{2}{3}u^2v^6$ c) $8{,}75r^3s^3t^2$ d) $27a^4$ e) $36p^3q^6$

Gelb: a) x^2y^3 b) $-12x^3y^2$ c) $-0{,}001x^6y^{10}$ d) $-0{,}005x^5y^2$

Rot: a) $-\frac{1}{32}a^{12}b^{24}$ b) $2x^6y^6z^5$ c) $2\frac{8}{11}a^{16}b^{24}$

Seite 33 | Aufgabe 17
a) $A = \frac{1}{2}gh$, $A_{neu} = \frac{1}{2} \cdot \left(\frac{g}{2}\right) \cdot \left(\frac{4}{3}h\right) = \frac{1}{3}gh = \frac{2}{3} \cdot \left(\frac{1}{2}gh\right) = \frac{2}{3}A$: Der Flächeninhalt wird auf zwei Drittel verkleinert.

b) $A = \frac{1}{2}ef$; $A_{neu} = \frac{1}{2} \cdot \left(\frac{1}{2}e\right) \cdot (2f) = \frac{1}{2}ef = A$: Der Flächeninhalt bleibt unverändert.

Seite 34 | Aufgabe 18
a) $(8x^3y^5 \cdot 0{,}5xy^4) \cdot (0{,}5x^2y)^2 = x^8y^{11}$
b) $(2a^3b^2)^3 \cdot (0{,}5a^2b \cdot \frac{1}{2}a^3b^2) = 2a^{14}b^9$
c) $(35c^4d^5 \cdot 14c^3d^3e) \cdot (7c^3d^2)^2 = 24010c^{13}d^{12}e$

Seite 34 | Aufgabe 19
a) Jan hat den Faktor 4 mit 5, x^3 und z multipliziert. Er muss ihn nur einmal multiplizieren. Richtig ist: $4 \cdot 5x^3z = 20x^3z$
b) Jan hat das Minuszeichen in der Klammer weggelassen und 3^2 falsch berechnet. Richtig ist: $(-a^4 \cdot b^2) \cdot 3^2 = -9a^4b^2$
c) Jan hat in der Potenz die Exponenten addiert statt multipliziert. Richtig ist: $(x^3)^2 \cdot (-x) = x^6 \cdot (-x) = -x^7$
d) Jan hat die 4 in der Klammer nicht mit dem Exponenten 3 verrechnet. Richtig ist: $(4a \cdot b)^3 \cdot 5 = 64a^3b^3 \cdot 5 = 320a^3b^3$

Seite 34 | Aufgabe 20
a)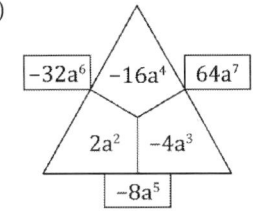
b)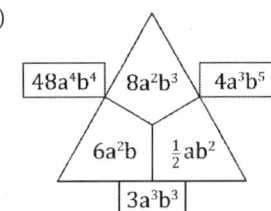
c)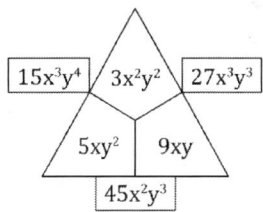

Seite 34 | Aufgabe 21
a) $8x^3y^2 \cdot 2xy^2 = (4xy)^4$
b) $\left(\frac{2}{3}x^3yz^2\right)^3 = \frac{1}{8}x^2yz^4 \cdot 27(xyz)^2$
c) $0{,}7a^5 \cdot a \cdot 4a^7 = 2{,}8a^{13}$
d) $(5b^2c)^3 = 125b^6c^3$

Seite 34 | Aufgabe 22
Flächeninhalt: $A = a \cdot b$; $A_{neu} = 0{,}9a \cdot 1{,}1b = 0{,}99ab = 0{,}99A$
Umfang: $U = 2a + 2b$; $U_{neu} = 2 \cdot 0{,}9a + 2 \cdot 1{,}1b = 1{,}8a + 2{,}2b$
Der Flächeninhalt des neuen Grundstücks ist etwas kleiner, dafür der Umfang etwas länger. Beides ist für den Grundstücksbesitzer ungünstig, allerdings tritt es genauso ein, wenn die Breite verkürzt und dafür die Länge vergrößert wird. Eine Erklärung für den Wunsch des Eigentümers kann also nur sein, dass die Abmessung des neuen Grundstücks ihm so besser passen, z. B. weil das Grundstück dann eine kleinere Strecke an der Straße hat.

Seite 34 | Aufgabe 23
a) Volumen Quader: $V = a \cdot b \cdot c$, $V_{neu1} = (1{,}1a) \cdot (1{,}1b) \cdot (1{,}1c) = 1{,}331abc$: Das Volumen wird um circa 33 % größer.
$V_{neu2} = (0{,}8a) \cdot (0{,}8b) \cdot (0{,}8c) = 0{,}512abc$: Das Volumen wird um circa 50 % verkleinert.
b) $V_{neu} = \frac{1}{4}abc$ gilt z. B. bei
① $a_{neu} = 0{,}25a$, $b_{neu} = b$, $c_{neu} = c$
② $a_{neu} = 0{,}5a$, $b_{neu} = 0{,}5b$, $c_{neu} = c$
③ $a_{neu} = 0{,}5a$, $b_{neu} = b$, $c_{neu} = 0{,}5c$

Seite 34 | Aufgabe 24
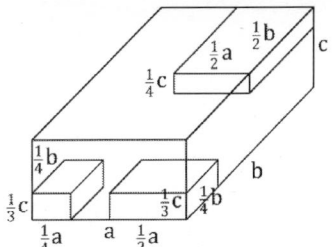

2.2 Umformen von Summen

Seite 35 | Einstieg
a) l steht für die Länge des Pakets, b für die Breite und h für die Höhe. Dazu kommen noch 20 cm Band für die Schleife.
b) Der Term von Dave ist richtig, der von Klara berücksichtigt nur die Hälfte der Strecken, ist also falsch.

Seite 37 | Aufgabe 1
a) $2a + 5a + 4a = 11a$
b) $3b - 5b + b = -b$
c) $3x - x = 2x$
d) $2x + x^2 = 2x + x^2$
e) $8x - 8 - x = 7x - 8$
f) $6x \cdot x - x = 6x^2 - x$
g) $5a - 17ab - 7ab = 5a - 24ab$
h) $5b \cdot b - b^2 = 4b^2$
i) $xy - xy - xy = -xy$
j) $-3 + 3b = -3 + 3b$
k) $3u - 2v + 4u - v = 7u - 3v$
l) $-2{,}7ab - \frac{1}{2}ab + ab = -2{,}2ab$

Seite 37 | Aufgabe 2
a) $4x - x = 3x$
b) keine Vereinfachung
c) keine Vereinfachung
d) $x^2 + x^2 = 2x^2$
e) $4x \cdot x = 4x^2$
f) $4x \cdot x^2 = 4x^3$
g) $4x \cdot 4 = 16x$
h) $4x^2 - x^2 = 3x^2$

Seite 37 | Aufgabe 3
① $4x + x = 5 \cdot x = 4{,}5x + \frac{1}{2}x = 6x - x = -3x + 8x$: Die Terme sind äquivalent, vereinfacht ergeben sie alle $5x$.

② $7 - 7x + 4x = 3 + 4x - 7x + 4 = -3x + 7 = -x - 2 - 2x + 9$: Die Terme sind äquivalent, vereinfacht ergeben sie alle $7-3x$.

Seite 37 | Aufgabe 4
Max hat Recht, dass das Kommutativgesetz bei Summen gilt. Allerding kann man eine Differenz auch als Summe schreiben, deswegen hat Sara den Term richtig umgeformt: $4b + 7a - b = 4b + 7a + (-b) = 4b + (-b) + 7a = 3b + 7a$

Seite 37 | Aufgabe 5
a) $24ab = ab + 2ab + 12ab = 12ab + 11ab + ab = 10ab + 10ab + 2ab$
b) $18x^2 = x^2 + x^2 + 16x^2 = 5x^2 + 6x^2 + 7x^2 = 10x^2 + 5x^2 + x^2$
c) $-0{,}2ab = 2{,}2ab + (-ab) + (-1{,}4ab) = 0{,}4ab + 0{,}4ab + (-ab) = 10ab + 3ab + (-13{,}2ab) = 2ab + (-5ab) + 2{,}8ab$
d) $x^3 + 0{,}5x^3 + (-x^3) = 2x^3 + 5x^3 + (-6{,}5x^3) = -10x^3 + 5x^3 + 5{,}5x^3 = x^3 + (-2x^3) + 1{,}5x^3$

Seite 38 | Aufgabe 6
① $12 - 7 - 3 = 12 - (7 + 3)$
② $12 + (7 - 3) = 12 + 7 - 3$
③ $12 - (7 - 3) = 12 - 7 + 3$

Individuelle Lösungen für die Geschichten.

Seite 38 | Aufgabe 7
Beispiele:
a) $28 + (31y - 8) = 20 + 31y$
b) $-34 - (9x + 12) = -46 - 9x$
c) $20x - (81 + 19x) = x - 81$
d) $-92x + 28y - (13x + 87x) = -105x - 59y$
e) $5{,}9x + (1{,}6x + 2{,}3y) - 6{,}8y = 7{,}5x - 4{,}5y$
f) $(2x - y - 3z) + (x + y - z) = 3x - 4z$
g) $a + 2b - c + (a - b + 2c) = 2a + b + c$
h) $a + 2b - c - (a - b + 2c) = b - 3c$

Seite 38 | Aufgabe 8
a) $15a - (9a + 19b) - (2a - 3b) = 4a - 13b$
b) $7u + 5 + (u - 3) - (11u - 3) = -3u + 5$
c) $(u - v + w) - (u + v - w) = -2v + 2w$
d) $3u - 9v - [(3u - 8w) - (u + 9v)] = u + 8w$
e) $-3x - [(a - 4x) - (2a - x)] = a$
f) $22x - [y - (y - 2x) - (8x + 3y)] = 28x + 3y$
g) $4{,}4 - 2{,}4ö - \left(\frac{1}{2}ö - \frac{1}{20}\right) = 4{,}45 - 2{,}9ö$
h) $\frac{3}{8}m - (6m - 0{,}375) = 0{,}375 - 5{,}625m$

Seite 38 | Aufgabe 9
a) Es gibt dafür 6 Möglichkeiten. Da bei Summen das Assoziativgesetz gilt, lassen sich die ersten beiden Summanden vertauschen: $T_1 + T_2 - T_3$; $T_2 + T_1 - T_3$; $T_1 + T_3 - T_2$; $T_3 + T_1 - T_2$; $T_3 + T_2 - T_1$; $T_2 + T_3 - T_1$

b) Da bei Summen das Assoziativgesetz gilt, ist das Ergebnis bei den Termen gleich, bei denen die ersten beiden Summanden vertauscht wurden.
$T_1 + T_2 - T_3 = (1{,}5a - 2{,}2b) + (-1{,}5a + 2{,}2b) - (-1{,}5a - 2{,}2b) = 1{,}5a + 2{,}2b$
$T_1 + T_3 - T_2 = (1{,}5a - 2{,}2b) + (-1{,}5a - 2{,}2b) - (-1{,}5a + 2{,}2b) = 1{,}5a - 2{,}2b$
$T_2 + T_3 - T_1 = (-1{,}5a + 2{,}2b) + (-1{,}5a - 2{,}2b) - (1{,}5a - 2{,}2b) = -4{,}5a + 2{,}2b$

Seite 38 | Aufgabe 10
a) $(4{,}5a + 2{,}3b) + (5{,}7b - 7{,}5a) = -3a + 8b$
b) $2x \cdot 7y - \left(\frac{1}{2}xy + 2{,}3xy\right) = 11{,}2xy$
c) $(abc)^3 + \frac{1}{4}ac^3 \cdot 8a^2b^3 - a^3b^3c^3 = 2a^3b^3c^3$
d) individuelle Lösung

Seite 38 | Aufgabe 11
a) $U = 2a + 2b$; $U_{neu} = 2 \cdot 2a + 2 \cdot 2b = 4a + 4b = 2 \cdot (2a + 2b) = 2 \cdot U$. Die Aussage stimmt, der Umfang wird doppelt so groß.
b) $U = 2a + 2b$; $U_{neu} = 2 \cdot (0{,}5a) + 2 \cdot (0{,}5b) = 0{,}5 \cdot (2a + 2b) = 0{,}5 \cdot U$. Der Umfang wird um 50 % kleiner, also halb so groß.

Seite 38 | Aufgabe 12
Linke Figur: $A = 12x \cdot x + 6x \cdot x = 18x^2$; rechte Figur: $A = 3x \cdot 2x + (3x - x) \cdot 6x = 6x^2 + 12x^2 = 18x^2$.

Seite 39 | Aufgabe 13
a) $4x - x + 4x \cdot x = 3x + 4x^2$
b) $x + x^2 - 4x \cdot x - 4x = -3x - 3x^2$
c) $x \cdot (-2x) - 3x \cdot (-x) + 4x - x = x^2 + 3x$
d) $\frac{x}{2} \cdot 4x \cdot 0{,}1 - 0{,}9x \cdot 2x - x = -1{,}6x^2 - x$

Seite 39 | Aufgabe 14
a) Richtige Lösung: $8a - a = 7a$: Antonia hat die Regel „Punkt- vor Strichrechnung" nicht beachtet.
b) Richtige Lösung: $3 + 4x$. Der erste Summand enthält kein x und kann nicht mit dem zweiten zusammengefasst werden.
c) Richtige Lösung: $23a - (a + b) = 22a - b$: Antonia hat die Klammer nicht richtig aufgelöst.
d) Richtige Lösung: $a + b$: Eine Summe kann man nicht so in ein Produkt verwandeln.
e) Richtige Lösung: $x + xy$: Die Summanden sind nicht gleichartig und können deswegen nicht addiert werden.
f) Richtige Lösung: $x^2 + 1{,}1x - 2x^2 = -x^2 - 1{,}1x$: Antonia hat das Minuszeichen vor $2x^2$ nicht berücksichtigt.

Seite 39 | Aufgabe 15
a) $x + 2 - (2 \cdot x) - 18 + 4^2 = -x$ Das Ergebnis ist die Gegenzahl der gedachten Zahl.
b) $x - 100 + 11^2 + 2 \cdot x + 3 - (6 \cdot 8) - 3x + 14 = -10$ Das Ergebnis ist immer -10.
c) individuelle Lösungen

Seite 39 | Aufgabe 16
a) $T(x) = 5{,}5x - 0{,}5$; $T(2) = 10{,}5$; $T\left(-\frac{1}{2}\right) = -3{,}25$
b) $T(x) = 2x^2 + 1{,}5x$; $T(2) = 11$; $T\left(-\frac{1}{2}\right) = 0{,}25$
c) $T(x) = -6x^2 - 0{,}75$; $T(2) = -24{,}74$; $T\left(-\frac{1}{2}\right) = 2{,}25$
d) $T(x) = x^3 + 3x$; $T(2) = 14$, $T\left(-\frac{1}{2}\right) = 1{,}625$
e) $T(x) = 0{,}25x^2$; $T(2) = 1$; $T\left(-\frac{1}{2}\right) = \frac{1}{16}$
f) $T(x) = -2x^3 + 1{,}5x^2$; $T(2) = -10$; $T\left(-\frac{1}{2}\right) = 0{,}625$

Seite 39 | Aufgabe 17
a) $5a + 0{,}5a + 2{,}5a = 8a$
b) $-0{,}25b + 3b - b = 1{,}75b$
c) $\frac{1}{2}x - 2x + 0{,}75x = -0{,}75x$
d) $-3 - 0{,}5x + 1{,}5x - x + 3 = 0$
e) $2{,}4x - 2{,}9x + 0{,}3x^2 + 0{,}7x^2 = -\frac{1}{2}x + x^2$
f) $-0{,}5x - 1{,}7x^2 + x^2 + 0{,}7x^2 = -0{,}5x$

Seite 39 | Aufgabe 18
Grün:
a) $17b - 5b + b = 13b$
b) $-18x^2 + 6x^2 - 9x^2 = -21x^2$
c) $7{,}1z - 3{,}9z - 4{,}5z + 17{,}6 - 6{,}6z = -7{,}9z + 17{,}6$
d) $1{,}5y - 2{,}89y - 0{,}39y + y - 3 = -0{,}78y - 3$

Gelb:
a) $\frac{9}{16}d + \frac{8}{13}e - \left(\frac{2}{3}e + \frac{17}{12}d\right) = \frac{41}{48}d - \frac{2}{39}e$
b) $65p^2 - (44p^2 + 37p) - 13p = 21p^2 - 50p$
c) $4u + v - 2w - (3u + 2v + 4w) = u - v - 6w$
d) $2x - y + 3z - (x + y + z) = x - 2y + 2z$

Rot:
a) $\frac{2}{7}k + \frac{1}{7} - \frac{3}{14} = \frac{2}{7}k - \frac{1}{14}$
b) $7\frac{3}{8}x^2 - \left(-11\frac{1}{3}x + 9\frac{3}{5}\right) - 4\frac{5}{6}x^2 - 2\frac{7}{15} + 8\frac{11}{14}x = 2\frac{13}{24}x^2 + 20\frac{5}{42}x - 12\frac{1}{15}$
c) $8{,}2a + \left(\frac{13}{6}b - 6{,}4a - 2{,}6b\right) - \frac{1}{6}b + \frac{1}{5}a = 2a - 0{,}6b$
d) $\frac{26}{3}a^2 - \left(-\frac{18}{5} - \frac{5}{4} + \frac{27}{6}a^2 - 0{,}5\right) = 4\frac{1}{6}a^2 + 5\frac{7}{20}$

Seite 40 | Aufgabe 19
a) $3x \cdot 2y^2 + 5xy^2 = 11xy^2$
b) $1{,}5p \cdot 2q - 3{,}5q \cdot 4p = -11pq$
c) $-\frac{2}{3}rs^2 \cdot (-6s) - \frac{4}{5}rs \cdot (-3s) = 6rs^3 + \frac{12}{5}rs^2$
d) $3a^3 + (-3a)^3 = -27a^3$
e) $3 \cdot (u^2v)^3 - (4u^3)^2 \cdot v^3 = -13u^6v^3$
f) $e^4 \cdot 3f^2 - f^2g + (2e^2f)^2 - (-3f)^2 \cdot 4g = 7e^4f^2 - 37f^2g$
g) $-(x^2y)^4 + (2x^3y^2)^2 \cdot \frac{1}{2}x^2 = x^8y^4$
h) $(-a^2b^3) + 2a^5b^3 - (2a^3)^2b^3 + (-a^3 \cdot b) = -a^2b^3 - a^3b + 2a^5b^3 - 4a^6b^3$

Seite 40 | Aufgabe 20
a)
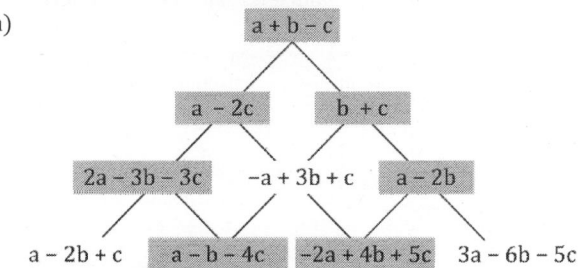

b)
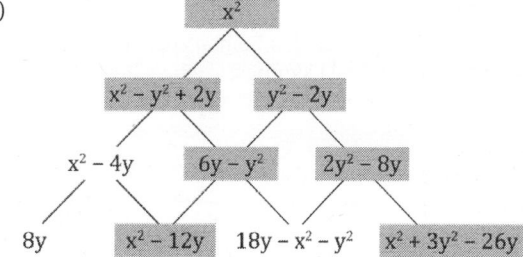

Seite 40 | Aufgabe 21
$u = a + b + c + c + (a - 2c) + c + c + b = 2a + 2b + 2c$

Lösungen Fokus Mathematik 7

Seite 40 | Aufgabe 22
a) $V = a \cdot a \cdot b + a \cdot a \cdot b = 2a^2b$; $O = 8ab + 3a^2 - a^2 = 8ab + 2a^2$
b) $V = a \cdot a \cdot c + a \cdot b \cdot c + (a + c) \cdot a \cdot c = 2a^2c + abc + 2ac^2$
   $O = a^2 + 4ac + 2ab + ac + 2bc + 2ac + 2(c + a)c + 2ac = a^2 + 11ac + 2ab + 2bc + 2c^2$

Seite 41 | Aufgabe 23
a) $O = 6s^2$; $O_{neu} = 6 \cdot (0{,}5 \cdot s)^2 = 1{,}5s^2 = 0{,}25 \cdot 6s^2 = \frac{O}{4}$: Der Oberflächeninhalt beträgt noch ein Viertel.
b) $V = a \cdot a \cdot a = a^3$; $V_{neu} = \left(\frac{1}{2}a\right)^3 = \frac{1}{8}a^3 = \frac{V}{8}$: Das Volumen beträgt noch ein Achtel.

Seite 41 | Aufgabe 24
a) $A = a^2$; $A_{neu} = (0{,}8a) \cdot (1{,}2a) = 0{,}96a^2 = 0{,}96 \cdot A$; $U = 4a$; $U_{neu} = 2 \cdot 0{,}8a + 2 \cdot 1{,}2a = 4a = U$
b) Beispiel: Vergrößerung bze. Verkleinrung um 50 %:
   $A = a^2$; $A_{neu} = (0{,}5a) \cdot (1{,}5a) = 0{,}75a^2 = 0{,}75 \cdot A$; $U = 4a$; $U_{neu} = 2 \cdot 0{,}5a + 2 \cdot 1{,}5a = 4a = U$
   Der neue Flächeninhalt wird kleiner, je größer der betrachtete Prozentsatz ist. Der Umfang bleibt immer gleich.
c) Beispiel: Verkleinerung um 20 %; Vergrößerung um 30 %:
   $A = a^2$; $A_{neu} = (0{,}8a) \cdot (1{,}3a) = 1{,}04a^2 = 1{,}04 \cdot A$; $U = 4a$; $U_{neu} = 2 \cdot 0{,}8a + 2 \cdot 1{,}3a = 4{,}2a = 4{,}2 \cdot U$
   Beispiel: Verkleinerung um 20 %; Vergrößerung um 10 %:
   $A = a^2$; $A_{neu} = (0{,}8a) \cdot (1{,}1a) = 0{,}88a^2 = 0{,}88 \cdot A$; $U = 4a$; $U_{neu} = 2 \cdot 0{,}8a + 2 \cdot 1{,}3a = 3{,}8a = 3{,}8 \cdot U$
   Der Umfang bleibt nun nicht mehr gleich.

Seite 41 | Aufgabe 25
a) $A = (x + 2b) \cdot (y + 2b) - xy = 4b^2 + 2bx + 2by$
b) Wenn b verdoppelt wird, ist $A_{neu} = 4 \cdot (2b)^2 + 2 \cdot (2b) \cdot x + 2 \cdot (2b) \cdot y = 16b^2 + 4bx + 4by$
   Der erste Summand beträgt also mehr als das Doppelte als der entsprechende beim ursprünglichen Weg.

Seite 41 | Aufgabe 26
a)

$9uv^2 - 2uw$	$-5uv^2 - 9uw$	$5uv^2 - 4uw$
$-uv^2 - 7uw$	$3uv^2 - 5uw$	$7uv^2 - 3uw$
$uv^2 - 6uw$	$11uv^2 - uw$	$-3uv^2 - 8uw$

b) Die Variable a steht für den Term $3uv^2 - 5uw$. Die Variable b steht für den Term $2uv^2 + uw$.
c) Individuelle Lösungen

Seite 41 | Aufgabe 27
a) $T(2) = 2 + 4 = 6$; $T(3) = 2 + 4 + 6 = 12$; $T(4) = 2 + 4 + 6 + 8 = 20$; $T(5) = 2 + 4 + 6 + 8 + 10 = 30$
b) $T(n) = n \cdot (n + 1)$.
   Die Summe der ersten n geraden Zahlen ist gleich dem Produkt aus der n-ten Zahl und ihrem direkten Nachfolger.
c) $T(1) = 1$; $T(2) = 1 + 3 = 4$; $T(3) = 1 + 3 + 5 = 9$; $T(4) = 1 + 3 + 5 + 7 = 16$
   $T(n) = n^2$: Die Summe der ersten n ungeraden Zahlen ist gleich dem Quadrat der n-ten Zahl.

Seite 41 | Aufgabe 28
a) $1 + \frac{61}{20}a + 2a^2 - \frac{19}{20}a^3 - \frac{a}{4} + 3a^2 - \frac{3}{4}a^3 - 4a^2 - \frac{1}{5}a + 2 + (2a)^2 - 3a + \frac{a^3}{5} = 3 - \frac{2}{5}a + 5a^2 - \frac{3}{2}a^3$
b) $2x \cdot y^2 + \frac{1}{5}x + (2x^2 - 0{,}4y^2 - 0{,}\overline{3}x) + 3xy^2 - \left(\frac{3x^2}{4} - \right) - 4x) - \frac{1}{5}y^2 \cdot x) + (0{,}5y)^2 = -\frac{62}{15}x + \frac{5}{4}x^2 - \frac{3}{20}y^2 + \frac{26}{5}xy^2$

2.3 Ausmultiplizieren, Ausklammern

Seite 42 | Einstieg
a) ① $4n - 4$
   Es werden die Punkte in jeder Reihe mal 4 genommen und dann 4 abgezogen, da die Eckpunkte so doppelt gezählt wurden,
   ③ $(n - 2) \cdot 4 + 4$
   In jeder Reihe werden von den n Punkten die beiden Punkte in den Ecken abgezogen und dann 4 für die 4 Ecken addiert.
b) ② $(n - 1) \cdot 4$
   Jeder Ecke wir einer der beiden Reihen zugeordnet, in der sie liegt.
c) Da alle Terme die gleiche Figur beschreiben, müssen sie äquivalent sein. Dies kann man überprüfen, indem man alle Klammern ausmultipliziert.

Seite 45 | Aufgabe 1
a) $7 \cdot (n + 5) = 7n + 35$
b) $(7 - n) \cdot 13 = 91 - 13n$
c) $(n + 24) \cdot 4 = 4n + 96$
d) $-15(n + 3) = -15n - 45$
e) $-8(1{,}01 - 0{,}1n) = -8{,}08 + 0{,}8n$
f) $11(19a - 7b) = 209a - 77b$
g) $(5 \cdot x - 4 \cdot y) \cdot 10 = 50x - 40y$
h) $8 \cdot (22 \cdot x + 7 \cdot y) = 176x + 57y$
i) $(3x - 3y) \cdot 3 = 9x - 9y$
j) $0{,}7(0{,}9x - 1{,}2y) = 0{,}63x - 0{,}84y$

Seite 45 | Aufgabe 2
Der Flächeninhalt der drei Rechtecke mit den Seitenlängen d und a, d und b und d und c ist zusammen so groß wie der Flächeninhalt des Rechtecks mit den Seitenlängen d und (a + b + c). Es gilt also $(a + b + c) \cdot d = a \cdot d + b \cdot d + c \cdot d$.

Seite 45 | Aufgabe 3
a) $4(x + y) + 3(x - y) = 7x + y$
b) $x(x + 4) - 2(x + 2) - 2x = x^2 - 4$
c) $a(a + b) - b(a + b) = a^2 - b^2$
d) $(2a + 3b) \cdot 2a - 3b(6a - 3b) = 4a^2 - 12ab + 9b^2$
e) $r(r + s + t) - s(r + s + t) - t(r - s - t) = r^2 - s^2 + t^2$
f) $n^2 - n(n - m) - m(n - m) = m^2$
g) $6x \cdot (x - y) + y \cdot (6x - y^2) = 6x^2 - y^3$
h) $ab \cdot (a - b) - 4a \cdot (ab + b) = -3a^2b - ab^2 - 4ab$

Seite 45 | Aufgabe 4
a) $A_1 = a \cdot (b - d) + d \cdot (a - c) = ab - cd$; $A_2 = b \cdot (a - c) + c \cdot (b - d) = ab - cd$
b) $A_1 = a \cdot (b - d) + d \cdot (a - c) = ab - cd$; $A_2 = b \cdot (a - c) + c \cdot (b - d) = ab - cd$

Seite 45 | Aufgabe 5
① $-2x - 7(x + y) = -9x - 7y = 3x - 15y - 12x + 8y$, vereinfacht ergeben alle $-9x - 7y$
② $3x^2 - x^2 - 7x + 6 = 2x(x - 2) - 3(x - 2)$, vereinfacht ergeben beide $2x^2 - 7x + 6$.
③ $15y + 10x - 8y - 17x = 7(y - x)$, vereinfacht ergeben beide $-7x + 7y$.
④ $5x(x + 2) = 7x - x^2 + 3x + 6x^2$, vereinfacht ergeben beide $5x^2 + 10x$.
⑤ $7 + 2x(x - 3) = 2x^2 - 6x + 7$, vereinfacht ergeben beide $2x^2 - 6x + 7$.
⑥ $x^2 - y^2 = x(x - y) + y(x - y)$, vereinfacht ergeben beide $x^2 - y^2$.

Seite 45 | Aufgabe 6
a) Gedachte Zahl 7: $(7 + 4) \cdot 2 + (-7) - 2 \cdot 7 = 1$ Gedachte Zahl 10: $(10 + 4) \cdot 2 + (-7) - 2 \cdot 10 = 1$
   Allgemein: $T(x) = (x + 4) \cdot 2 + (-7) - 2 \cdot x = 1$: Das Ergebnis ist immer 1.
b) Gedachte Zahl 3: $[(3 + 3) \cdot 2 + 4] \cdot 5 - 10 \cdot 3 = 50$ Gedachte Zahl 6: $[(6 + 3) \cdot 2 + 4] \cdot 5 - 10 \cdot 6 = 50$
   $T(x) = [(x + 3) \cdot 2 + 4] \cdot 5 - 10x = (2x + 10) \cdot 5 - 10x = 10x + 50 - 10x = 50$: Das Ergebnis ist immer 50.
c) individuelle Lösungen

Seite 46 | Aufgabe 7
a) $7 \cdot a + 7 \cdot b = 7(a + b)$
b) $21a + 7b - 14c = 7(3a + b - 2c)$
c) $7ab - 2ac = a(7b - 2c)$
d) $4ab + 8ac = 4a(b + 2c)$
e) $27c^2 - 9c = 9c(3c - 1)$
f) $ab + a = a(b + 1)$
g) $12a - 12b = 12(a - b)$
h) $40a - 50b - 60c = 10(4a - 5b - 6c)$
i) $15ab + 4bc = b(15a + 4c)$
j) $26a - 13b - 39c = 13(2a - b - 3c)$
k) $3a - 3 = 3(a - 1)$
l) $a \cdot a + a = a(a + 1)$

Seite 46 | Aufgabe 8
a) $4x - 6xy = 2x \cdot (2 - 3y)$
b) $-2a - 0{,}5b = -1 \cdot (2a + 0{,}5b)$
c) $\frac{1}{2}x - 4y + 3z = \frac{1}{2}(x - 8y + 6z)$
d) $-5xy + 0{,}25y^2 = 0{,}25y \cdot (-20x + y)$
e) $-\frac{1}{3}a^4 + \frac{1}{6}a^2 = \left(-\frac{1}{6}a^2\right) \cdot (2a^2 - 1)$
f) $\frac{2}{5}x^3 + \frac{1}{5}x = \left(\frac{1}{5}x\right) \cdot (2x^2 + 1)$

Seite 46 | Aufgabe 9
a) $2a - 2b = 2 \cdot (a - b)$
b) $4a + 3b = 2 \cdot (2a + 1{,}5b)$
c) $6a^2 + 90 = 6 \cdot (a^2 + 15)$
d) $6a^2 + 3a - 2 = 2 \cdot (3a^2 + 1{,}5a - 1)$
e) $2ab - 2b^2 = 2b \cdot (a - b)$
f) $4a - 2b = 2 \cdot (2a - b)$
g) $a^2 - a = a \cdot (a - 1)$
h) $6a^2 + 3a = 3a \cdot (2a + 1)$
i) $2ab + 2b = 2b \cdot (a + 1)$

Seite 46 | Aufgabe 10
a) $2z + 3az = z \cdot (2 + 3a)$
b) $4b^2y^2 - 3b^2x = b^2 \cdot (4y^2 - 3x)$
c) $\frac{2}{3}a^2c - \frac{1}{3}a^2b^3 = \frac{1}{3}a^2 \cdot (2c - b^3)$
d) $8pqr^2 - 2pq^2r^2 + 3pr^2s^3 = pr^2 \cdot (8q - 2q^2 + 3s^3)$
e) $21x^2yz^3 + 14x^2y^3z^3 - 49x^2z^3 = 7x^2z^3 \cdot (3y + 2y^3 - 7)$
f) $\frac{1}{7}u^2v^3w^2 + \frac{1}{14}v^3w^2x^2 = \frac{1}{14}v^3w^2 \cdot (2u^2 + x^2)$

Seite 46 | Aufgabe 11
a) $9x - 6y = 3(3x - 2y)$
b) $-5a^2b^2 + 10ab = -5ab(ab - 2)$
c) $-0{,}6x^2 + 0{,}9xy = -0{,}3x(2x - 3y)$
d) $-\frac{2}{3}ab - \frac{1}{3}a^2 = -\frac{1}{3}a(2b + a)$

Seite 46 | Aufgabe 12
1) Das Rechteck mit den Seitenlängen v + w und r + s wird zuerst in zwei Rechtecke übereinander aufgeteilt, deren Breite beide Male v + w beträgt. Dann wird jedes dieser Rechtecke weiter in zwei nebeneinander liegende Rechtecke geteilt.
2) Das Rechteck mit den Seitenlängen v + w und r + s wird zuerst in zwei Rechtecke nebeneinander aufgeteilt, deren Höhe beide Male r + s beträgt. Dann wird jedes dieser Rechtecke weiter in zwei übereinander liegende Rechtecke geteilt.

Seite 46 | Aufgabe 13
Mit dem Term $(a + b) \cdot (c - d)$ wird der Flächeninhalt des roten und blauen Rechtecks zusammen berechnet. Wenn man den Term ausmultipliziert, berechnet man zuerst das Rechteck mit den Seitenlängen a und c und zieht davon das gelbe Rechteck (Seitenlängen d und a) ab, ebenso berechnet man das Rechteck mit b und c und zieht das grüne Rechteck (b und d) ab.

Seite 46 | Aufgabe 14
a) $(x + y)(u + v) = xu + xv + yu + yv$
b) $(m - a)(n + b) = mn + mb - an - ab$
c) $(8 + a)(b - 4) = 8b - 32 + ab - 4a$
d) $(a - 10)(b - 3) = ab - 3a - 10b + 30$
e) $(5 + x)(-y - v) = -5y - 5v - xy - xv$
f) $(v - 2)(x + 5) = vx - 5v - 2x - 10$
g) $(-x - y)(u - 8) = -ux + 8x - uy + 9y$
h) $(x - y)(-u + v) = -ux + vx + uy - vy$

Seite 47 | Aufgabe 15

a) Im Tabellenkopf werden die Summanden des einen Faktors geschrieben, in die erste Spalte die des zweiten. In die Tabellenkästchen werden dann die Produkte der beiden Terme in der entsprechenden Spalte und Zeile geschrieben. Addiert man sie, erhält man das Ergebnis der Multiplikation.

b)

·	n	1,5
2n	$2n^2$	3n
−3	−3n	−4,5

$(2n − 3)(n + 1,5) =$
$2n^2 + 3n − 3n − 4,5 = 2n^2 − 4,5$

c)

·	3	x
x^2	$3x^2$	x^3
−2x	−6x	$−2x^2$

$(x^2 − 2x)(3 + x) =$
$3x^2 + x^3 − 6x − 2x^2 = x^3 + x^2 − 6x$

d)

·	2a	−5
3a	$6a^2$	−15a
−6	−12a	30

$(3a − 6)(2a − 5) =$
$6a^2 − 15a − 12a + 30 = 6a^2 − 27a + 30$

e) Diese Multiplikationstabelle hat insgesamt vier Spalten:

·	2a	b	3
a	$2a^2$	ab	3a
−b	−2ab	$−b^2$	−3b

$(a − b)(2a + b + 3) = 2a^2 + ab + 3a − 2ab − b^2 − 3b = 2a^2 − ab + 3a − 3b − b^2$

Seite 47 | Aufgabe 16

a) $(3m + 3n) \cdot (2p + 8q) = 6mp + 24mq + 6np + 24np$
b) $(8x − 2) \cdot (3y + 6) = 24xy + 48x − 6y − 12$
c) $(4p − 1) \cdot (−2q − 5) = −8pq − 20p + 2q + 5$
d) $−(8a − 7b) \cdot (3c − 5d) = −24ac + 40ad + 21bc − 35bd$

Seite 7 | Aufgabe 17

a) $(x + 4) \cdot (y + 2) = xy + 2x + 4y + 8$
b) $(u + 3) \cdot (v − 7) = uv − 7u + 3v − 21$
c) $(2a − b) \cdot (c + 5) = 2ac + 10a − bc − 5b$
d) $(3m − 2) \cdot (n − 1) = 3mn − 3m − 2n + 2$

Seite 47 | Aufgabe 18

a) $(x^2 + 2x)(x − 4) − (x^3 − 8x) = −2x^2$
b) $−(−a^2 − a) − (4 + a)(a − 3) = 12$
c) $3a(−a − 1) − (4 + a)(a − 3) = −4a^2 − 4a + 12$
d) $m(m − 2) − (4 + m)(m − 6) = 24$
e) $(2 + u)(3u − 5) − 3u(u − 1) = 4u − 10$
f) $(x − y) − (x − y)(x − y) = x − y − x^2 + 2xy − y^2$
g) $e(e − 1) − (4e − e)(e − 3) = 2e^2 + 8e$
h) $−c^2 − d^2 − (c + d)^2 = −2c^2 − 2cd − 2d^2$

Seite 47 | Aufgabe 19

a) $(5v + 8) \cdot (7 + 3w) = 35v + 15vw + 24w + 36$
b) $(6a + 3b) \cdot (3a − 5c) = 18a^2 − 30ac + 9ab − 15bc$
c) $(x − y) \cdot (3 + (−y)) = 3x − xy − 3y + y^2$

Seite 7 | Aufgabe 20

Der Term zu der Aufgabe ist: $T(n) = (n − 1) \cdot (n + 1) − 10 + n − n^2 = n − 11$
Das Ergebnis ist also die um 11 verminderte gedachte Zahl. Die gedachte Zahl lässt sich so leicht bestimmen.

Seite 47 | Aufgabe 21

a) $(2ab + a − 3ab + 2a)(34 − 3ab − 31,5 + ab − 0,5) = (3a − ab)(2 − 2ab) = 6a − 2ab − 6a^2b + 2a^2b^2$
b) $(3c^2 + 15,4 − 2c^2 − 10\frac{2}{5})(3 − 2c^2) = (c^2 − 5)(3 − 2c^2) = 13c^2 − 2c^4 − 15$
c) $(4\frac{1}{5}xy − y − 4,2xy + 5)(−24,7 − 5xy + 30,2 + y + 5xy − 0,5) = (−y + 5)(5 + y) = 25 − y^2$
d) $(2ab + a − (3ab + 2a))(34 − 3ab − (31,5 + ab − 0,5)) = (−ab − a)(3 − 4ab) = −3a − 3ab + 4a^2b + 4a^2b^2$

Seite 48 | Aufgabe 22

a) $[4 \cdot (3x − 5) + 7] − 2x = 10x − 13$
b) $5a + [4a − (3^3 − 25)] = 9a − 2$
c) $3k(3 \cdot 0,72 + 1,1^2) + 0,5(k − 2) = 10,61k − 1$
d) $(−1,5)(5p − 4) + [(0,3 − 0,3 \cdot 0,2 − 0,2) + 0,06] = −7,5p + 6,1$
e) $2 \cdot [x(3x + 2) − 2x^3] = −4x^3 + 6x^2 + 4x$
f) $\frac{4}{7} \cdot \left[z\left(2z − \frac{3}{8}\right) − \left(−\frac{1}{2}\right)^3 z\right] = \frac{8}{7}z^2 − \frac{1}{7}z$

Seite 48 | Aufgabe 23

a) Richtige Lösung: $5(x − 7) = 5x − 5 \cdot 7 = 5x − 35$: Benny muss auch die 7 in der Klammer mit der 5 multiplizieren.
b) Richtige Lösung: $2xy + 4x^2 − 2 = 2(xy + 2x^2 − 1)$: Benny hat in er Klammer den letzten Summanden vergessen.
c) Richtige Lösung: $(2x − 3)(2 + 3x) = 2x \cdot 2 + 2x \cdot 3x − 3 \cdot 2 − 3 \cdot 3x = 6x^2 − 5x − 6$
   Benny hat nicht jeden Summanden der ersten Klammer mit jedem der zweiten Klammer multipliziert.
d) Richtige Lösung: $(x^4 − x^3)(x^2 + x) = x^6 + x^5 − x^5 − x^4 = x^6 − x^4$
   Benny hat nicht jeden Summanden der beiden Klammern miteinander multipliziert und Potenzen falsch zusammengefasst.
e) Richtige Lösung: $3ab − 2ab(a − 2) = ab(3 − 2(a − 2)) = ab(3 − 2a + 4) = ab(−2a + 7) = −2a^2b + 7ab$
   Benny hat im ersten Schritt die Klammern falsch zusammengefasst.
f) $(b − 2)(a + 3) − (ab + 6) = ab + 3b − 2a − 6 − ab − 6 = 3b − 2a − 12$
   Benny hat Faktoren vergessen und die Minusklammer falsch aufgelöst.

Seite 48 | Aufgabe 24

a) Murad hat den Flächeninhalt von Schwimmbecken und Rand zusammen berechnet und dann den Flächeninhalt des Beckens abgezogen.
Anna hat zunächst die beiden längeren Stücke des Rands oben und unten mitsamt der Ecken berechnet, dann die beiden Seitenstücke ohne die Ecken.
Jenny hat ebenfalls die Seitenstücke einzeln berechnet, sie hat aber die Ecken jeweils einer der beiden Seiten zugeordnet.

b) Murads Term: $(2x + l) \cdot (2x + b) - l \cdot b = 4x^2 + 2bx + 2lx + l \cdot b - l \cdot b = 4x^2 + 2bx + 2lx$
Annas Term: $x \cdot (l + x + x) \cdot 2 + x \cdot b \cdot 2 = 2lx + 4x^2 + 2bx$
Jennys Term: $2 \cdot (l + x) \cdot x + 2 \cdot (b + x) \cdot x = 2lx + 2x^2 + 2bx + 2x^2 = 4x^2 + 2bx + 2lx$
Die vereinfachten Terme stimmen also überein, die Terme sind äquivalent.

c) Klaus Term stimmt nicht, da er so die 4 äußeren Ecken des Randes nicht mit berechnet. In seinem Term fehlt der Summand $4x^2$, der den Flächeninhalt der Ecken darstellt.

Seite 48 | Aufgabe 25

① $(a + b) \cdot (c + e) = ab + ae + bc + be$
② $(a + b) \cdot c + (a + b) \cdot e = ac + bc + ae + bc$
③ $ac + bc + (a + b) \cdot e = ac + bc + ae + be$
④ $ac + bc + de + (a + b - d) \cdot e = ac + bc + de + ae + be - de = ac + bc + ae + be$

Seite 48 | Aufgabe 26

Grün:

$-\frac{x}{2}(-12x - 30) = 6x^2 + 15x$

$\frac{1}{3}(102x^2 - 72y^3) = 34x^2 - 24y^3$

$5x - 2(x + 3) = 3x - 6$

$-x - 3(5x + 8) = -16x - 24$

$160x - 4(4x + 36) = 144x - 144 = 144(x - 1)$

$\frac{3}{10}(3x + 4) - \frac{1}{10}(4x - 3) = \frac{1}{2}x + \frac{3}{2}$

Gelb:

$(2ab - 3)(3 - 2ab) = -4a^2b^2 + 12ab - 9$

$\left(\frac{1}{2}a^3 - \frac{1}{3}\right)\left(\frac{1}{2}b + \frac{1}{2}a^3b\right) = \frac{1}{4}a^6b - \frac{1}{9}b$

$(3a - 4b)(4a - 3b) - 12(a^2 + b^2) = -25ab$

$(2x + 5y)(3x - 4y) + (7x - 10y)(6x - 2y) = 48x^2 - 67xy$

$(7a - 5b)(9a + 8b) - (12a - 5b)(17a + 8b) = -141a^2 + 41ab$

Rot:

$(6{,}4u - 4{,}8v + 4w)(0{,}25u - 0{,}75v - w) = 1{,}6u^2 + 3{,}6v^2 - 4w^2 - 6uv - 5{,}4uw + 1{,}8vw$

$\left(x^3 - \frac{2}{5}\right)\left(x^6 + \frac{2}{5}x^3 + \frac{4}{25}\right) = x^9 - \frac{8}{125}$

$26pq - (9p - 8q)(5p + 2q) - (4q - 3p)(15p + 4q) = 0$

$[3(2u - 3v) - 3u] - [(3u - 8w) - (u + 9v - 7w)] = u + 8y - 7w$

$(9a^2 - 2a) + 4x - [2(2ax + 3x - 1) + 8a^2 - (ax - x)] = a^2 - 2a - 3x - 3ax + 2$

Seite 49 | Aufgabe 27

a) $(2x - 5)(x + 3) = 2x^2 + x - 15$

b) $(x + 7)(2x - 1) = 2x^2 + 13x - 7$

c) $\left(\frac{1}{4}x - 5\right)(x + 16) = \frac{1}{4}x^2 - x - 80$

d) $(a - 4)(a + 7) = a^2 + 3a - 28$

e) $(3h - 3)\left(\frac{1}{3}h + 3\right) = h^2 + 8h - 9$

f) $(c + 2)(c + 5) = c^2 + 7c + 10$

g) $\left(\frac{1}{2} - (-y)\right)\left(\frac{1}{4} + 2y\right) = \frac{1}{8} + \frac{5}{4}y + 2y^2$

h) $\left(\frac{1}{5} - x\right)(25x + 3) = \frac{3}{5} + 2x - 25x^2$

Seite 49 | Aufgabe 28

a) ① $a \cdot \left(b + \frac{1}{2}b + c\right) + c \cdot c + 2c \cdot \frac{1}{2}b = \frac{3}{2}ab + ac + bc + c^2$ ② $a \cdot \left(b + \frac{1}{2}b + c\right) + c \cdot \left(c + \frac{1}{2}b\right) + \frac{1}{2}b \cdot c = \frac{3}{2}ab + ac + bc + c^2$
③ $c \cdot (a + c) + \frac{1}{2}b \cdot (a + 2c) + a \cdot b = \frac{3}{2}ab + ac + bc + c^2$ ④ $(a + 2c) \cdot \left(c + \frac{1}{2}b + b\right) - c^2 - b \cdot 2c = \frac{3}{2}ab + ac + bc + c^2$

b) Beispiel: $\left(c + \frac{1}{2}b\right) \cdot (a + c) + \frac{1}{2}b \cdot c + b \cdot a = \frac{3}{2}ab + ac + bc + c^2$

Seite 49 | Aufgabe 29

Mikel: $(-xy)\left(\frac{5}{6}x + xy + \frac{1}{6}\right) = -\frac{5}{6}x^2y - x^2y^2 - \frac{1}{6}xy$: Mikels Produkt stimmt.

Janett: $\left(\frac{1}{6}xy\right)(-5x - 6xy - 1) = -\frac{5}{6}x^2y - x^2y^2 - \frac{1}{6}xy$: Janetts Produkt stimmt ebenfalls.

Die beide haben unterschiedliche Faktoren ausgeklammert, kommen aber beide zu einem richtigen Ergebnis. Eine Faktorisierung muss nicht eindeutig sein.

Seite 49 | Aufgabe 30

a) $a \cdot (x + 5) + b \cdot (x + 5) = (a + b)(x + 5)$

b) $(x + y) + v \cdot (x + y) = (x + y)(1 + v)$

c) $3r \cdot (2s + t) - r \cdot (2s + t) = (3r - r)(2s + t)$

d) $5x \cdot (3a - 2b) - 5x \cdot (3a - 2b) = 5x \cdot (3a - 2b - (3a - 2b)) = 5x \cdot 0 = 0$

e) $0{,}12x \cdot (2y + z) - 0{,}1x \cdot (2y + z) = (0{,}12x - 0{,}1x)(2x + z)$

f) $4x \cdot (a - b) + 3x \cdot (b - a) = 4x(a - b) + 3x \cdot (-1) \cdot (a - b) = (4x - 3x)(a - b)$

Seite 49 | Aufgabe 31

a) Adisa hat zuerst aus den ersten beiden Summanden x und aus den anderen beiden 6 ausgeklammert. Danach hat se aus den beiden so entstandenen Summanden $(x + 2)$ ausgeklammert.

b) ① $a^2 + 5a + 3a + 15 = a(a + 5) + 3 \cdot (a + 5) = (a + 5)(a + 3)$
② $x^2 - 7x + 2x - 14 = x(x - 7) + 2(x - 7) = (x - 7)(x + 2)$

③ $x^3 - 0{,}5x + 2x^2 - 1 = x(x^2 - 0{,}5) + 2(x^2 - 0{,}5) = (x^2 - 0{,}5)(x + 2)$
④ $ab^2 - 2a - 2b^2 + 4 = a(b^2 - 2) - 2(b^2 - 2) = (b^2 - 2)(a - 2)$

Seite 50 | Aufgabe 32
Flächeninhalt des gesamten Rechtecks: $A = 15 \cdot 10 = 150$ cm².
Blaues Quadrat: $A_{blau} = x^2$; grünes Rechteck: $A_{grün} = (15 - x) \cdot (10 - x) =$
$A_{blau} = A_{grün}$: $x^2 = 150 - 25x + x^2$, also $0 = 150 - 25x$; $150 = 25x$; $x = 6$.
Das blaue Quadrat muss also eine Seitenlänge von 6cm haben.

Seite 50 | Aufgabe 33
a) Man multipliziert zuerst die beiden Klammern aus und multipliziert dann alle Summanden mit dem Faktor 2:
   $2 \cdot (3 + a)(4 + b) = 2 \cdot (12 + 3b + 4a + ab) = 24 + 6b + 8a + 2ab$
b) $a \cdot (b + c) \cdot (d + e) = a \cdot (bd + be + cd + ce) = abd + abe + acd + ace$

c)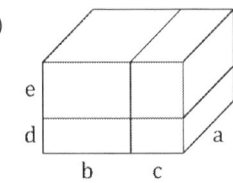

Zuerst wurden die Flächeninhalte der Vorderseite des Quaders einzeln berechnet und addiert. Die gesamte vordere Fläche wird dann mit der Länge des Quaders multipliziert, um das Volumen des Quaders zu berechnen.

d) $(a + 1) \cdot (a + 2) \cdot (a + 3) = (a + 1) \cdot (a^2 + 5a + 6) = a^3 + 5a^2 + 6a + a^2 + 5a + 6 = a^3 + 6a^2 + 11a + 6$

Seite 50 | Aufgabe 34
a) $a(a + 2b)(3a - b) = 3a^3 + 5a^2b - 2ab^2$
b) $-a^2(2a - 1)(a^2 + 2) = -2a^5 + a^4 - 4a^3 + 2a^2$
c) $(a + b)(a + b)(a + b) = a^3 + 3a^2b + 3ab^2 + b^3$
d) $-2(2m + 3n)(3m + 2n) = -12m^2 - 26mn - 12n^2$
e) $(a + b)(a - b)(a + b) = a^3 + a^2b - ab^2 - b^3$
f) $(2p - 3q)(2p + 3q)(2p - 3q) = 8p^3 - 12p^2q - 18pq^2 + 27q^3$

Seite 50 | Aufgabe 35
① $V = 3 \cdot 2a \cdot b + a \cdot a \cdot \frac{b}{2} = 6ab + 0{,}5a^2b$; $O = 2 \cdot (3 \cdot 2a) + 2 \cdot (3 \cdot b) + 2 \cdot (2a \cdot b) + 2 \cdot (a \cdot a) + 2 \cdot \frac{b}{2} \cdot a = 2a^2 + 12a + 5ab + 6b$
② $V = 2x \cdot 3y \cdot 4z - x \cdot 2y \cdot z - \frac{x}{2} \cdot 3y \cdot z = 20{,}5xyz$
$O = 2 \cdot (2x \cdot 4z) + 2 \cdot (2x \cdot 3y) + 2(3y \cdot 4z) - 2 \cdot \frac{x}{2} \cdot z + 2 \cdot (3y \cdot z) + 2 \cdot \frac{x}{2} \cdot 3y = 15xy + 15xz + 30yz$

Seite 50 | Aufgabe 36
a) 1. Term: $(x + a)(x + b) = x^2 - x - 12$, also $a = 3, b = -4$
   2. Term: $(x + a)(x + b) = x^2 + x - 110$, also $a = 11, b = -10$
b) Wenn das Ergebnis der Umformung ist: $x^2 + ux + v$, so gilt $a + b = u$ und $a \cdot b = v$

Seite 50 | Aufgabe 37
a) $(5a - 2) \cdot a + 4x - [2(2ax + 3x - 1) + (-2a)^2 - (a - 1) \cdot x] = a^2 - 2a - 3ax - 3x + 2$
b) $(a - b) \cdot (b + a - 2) - (b - \frac{6}{7}a) \cdot 7b - (b - a) \cdot (a + b - 3) - 4 \cdot (a - b) \cdot (0{,}5b - a:2) = 4a^2 - 7b^2 - 5a + 5b + 2ab$
c) $26y(\left(\frac{1}{13} - \frac{1}{8}x\right) - \left(\frac{9}{8}y - 1{,}5\right) - \frac{2}{3}x + 3 \cdot \left(\frac{5}{6}xy - \frac{2}{3}y\right) = -\frac{2}{3}x - \frac{3}{4}xy - \frac{9}{8}y + \frac{3}{2}$

2.4 Binomische Formeln

Seite 52 | Einstieg
$(a + b)(a + b) = a^2 + 2ab + b^2 = (a + b)^2$ $a^2 - 2ab + b^2 = (a - b)^2$ $(a - b)(a + b) = a^2 - b^2$

Seite 53 | Aufgabe 1
a) $(m + n)^2 = m^2 + 2mn + n^2$
b) $(a + 0{,}6)^2 = a^2 + 1{,}2a + 0{,}36$
c) $(1{,}8 - 4b)^2 = 3{,}24 - 14{,}4b + 16b^2$
d) $(5 + 9c) \cdot (5 - 9c) = 25 - 81c^2$
e) $(2 - n^2)^2 = 4 - 4n^2 + n^4$
f) $(a^2 + b)^2 = a^4 + 2a^2b + b^2$
g) $\left(\frac{2}{3}x - \frac{3}{2}y\right)^2 = \frac{4}{9}x^2 - 2xy + \frac{9}{4}y^2$
h) $\left(\frac{3}{4}u + 1{,}3v\right)\left(\frac{3}{4}u - 1{,}3v\right) = \frac{9}{16}u^2 - 1{,}69v^2$
i) $(a^3b - ab^3) \cdot (a^3b + ab^3) = a^6b^2 - a^2b^6$

Seite 53 | Aufgabe 2
a) Die grüne Fläche ist ein Quadrat mit der Seitenlänge a - b. Für den Flächeninhalt gilt also: $A_Q = (a - b)^2$
   Das gelbe und rote sowie das blaue und rot Rechteck haben jeweils $A_R = ab$, für das rote Quadrat gilt $A_{rot} = b^2$.
   Für den Flächeninhalt des grünen Quadrats gilt: $A_Q = a^2 - 2A_R + A_{rot}$, also $A_Q = a^2 - 2ab + b^2$.
   Durch Gleichsetzen der beiden Formeln für A_Q erhält man die binomische Minusformel.

b)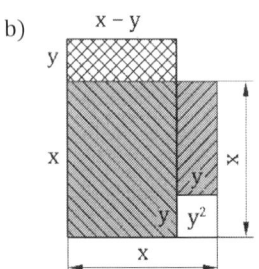

Die grünen Rechtecke haben zusammen den Flächeninhalt $(x+y)(x-y)$. Das rot schraffierte Rechteck wurde nur verschoben, das ändert nichts am Flächeninhalt.
Also gilt für die blaue Fläche $A_B = (x + y)(x - y)$.
Der Flächeninhalt der blauen Fläche ist außerdem die Differenz aus dem grußen udn dem kleinen (gelben) Quadrat: $A_B = x^2 - y^2$.
Gleichsetzen ergibt: $(x + y)(x - y) = x^2 - y^2$.

Lösungen Fokus Mathematik 7

Seite 53 | Aufgabe 3
$(5a - 3b)(5a + 3b) = 25a^2 - 9b^2$: Plusminusformel
$(5a - 3b)(5a - 3b) = 25a^2 - 30ab + 9b^2 = (3b - 5a)(3b - 5a) = (5a - 3b)^2$: Minusformel
$(5a + 3b)(5a + 3b) = 25a^2 + 30ab + 9b^2$: Plusformel

Seite 53 | Aufgabe 4
a) $490 \cdot 510 = (500 - 10)(500 + 10) = 250\,000 - 100 = 249\,900$
b) $101 \cdot 99 = (100 + 1)(100 - 1) = 9999$
c) $37 \cdot 43 = (40 - 3)(40 + 3) = 1591$
d) $55 \cdot 45 = (50 + 5)(50 - 5) = 2475$
e) $98^2 = (100 - 2)^2 = 100^2 - 2 \cdot 2 \cdot 100 + 2^2 = 9604$
f) $249^2 = (250 - 1)^2 = 250^2 - 2 \cdot 1 \cdot 250 + 1^2 = 62\,001$
g) $303^2 = (300 + 3)^2 = 300^2 + 2 \cdot 3 \cdot 300 + 3^2 = 91\,809$
h) $55^2 = (50 + 5)^2 = 50^2 + 2 \cdot 5 \cdot 50 + 25^2 = 3025$

Seite 54 | Aufgabe 5
a) $(2a + 2)^2 = (2a)^2 + 2 \cdot 2 \cdot 2a + 2^2 = 4a^2 + 8a + 4$: Der erste Summand wurde nicht richtig quadriert.
b) $(4p - 1)^2 = 16p^2 - 8p + 1$: Die Minusformel wurde nicht korrekt angewendet.
c) $(z - 2)^2 = z^2 - 4z + 4$: Die Minusformel wurde nicht korrekt angewendet, es fehlt beim zweiten Summanden der Faktor 2
d) $(3x - y)(3x + y) = 9x^2 - y^2$: In der Plusminusformel wurde Plus statt Minus geschrieben.

Seite 54 | Aufgabe 6
Es gilt: $-(a + b)^2 = -(a^2 + 2ab + b^2) = -a^2 - 2ab - b^2$.
Felix behauptet, dass $-(a + b)^2 = (a - b)^2$ gilt. Das stimmt nicht, denn es ist: $(a - b)^2 = a^2 - 2ab + b^2$.
Auch Ilona hat nicht Recht, denn es gilt: $(-a - b)^2 = (-a)^2 - 2 \cdot (-a) \cdot b + (-b)^2 = a^2 + 2ab + b^2$.

Seite 54 | Aufgabe 7
a) $(2a + 3b)^2 = 2a^2 + 12ab + 9b^2$
b) $(q - 2,5p)^2 = q^2 - 5pq + 6,25p^2$
c) $(3rs^2 - 5r^2s) \cdot (3rs^2 + 5r^2s) = 9r^2s^4 - 25r^4s^2$
d) $2,25x^2 - 6xy + 4y^2 = (1,5x + (-2y))^2$
e) $(v^2w^3 + v^3w^2) \cdot (v^2w^3 - v^3w^2) = v^4w^6 - v^6w^4$
f) $(2a^2 + 3b)^2 = 4a^4 + 12a^2b + 9b^2$

Seite 54 | Aufgabe 8
$(2a^2 - b)^2 = 4a^4 - 4a^2b + b^2$ $\quad$ $4a^2 - b^2 = (2a - b) \cdot (2a + b)$ $\quad$ $(3a + b^2)^2 = 9a^2 + 6ab^2 + b^4$

Seite 54 | Aufgabe 9
a) $A = (a - b) \cdot (a - b) = a^2 - 2ab + b^2$
b) $A = (a^2 + b^2) - (a + b) \cdot b - (a - b) \cdot b = a^2 + b^2 - ab - b^2 - ab + b^2 = a^2 - 2ab + b^2$
c) Aus Aufgabenteil a) ergibt sich für den Flächeninhalt der hellgrünen Fläche $A = (a-b)^2$, aus Aufgabenteil b) folgt $A = a^2 - 2ab + b^2$. Gleichsetzen ergibt die Minusformel.

Faktorisieren mithilfe der binomischen Formeln

Seite 55 | Aufgabe 1
a) $r^2 - s^2 = (r - s)(r + s)$
b) $r^2 - 2rs + s^2 = (r - s)^2$
c) $25m^2 + 10mn + n^2 = (5m + n)^2$
d) $m^2 - 4n^2 = (m + 2n) \cdot (m - 2n)$
e) $16v^2 + 24vw + 9w^2 = (4v + 3w)^2$
f) $e^2 + 16f^2 - 8ef = (e - 4f)^2$

Seite 55 | Aufgabe 2
a) $x^2 + 6x + 9 = (x + 3)^2$
b) $x^2 + 32x + 256 = (x + 16)^2$
c) $x^2 - 5x + 6,25 = (x - 2,5)^2$
d) $9x^2 + 15x + 6,25 = (3x + 2,5)^2$
e) $0,01x^2 - x + 25 = (0,1x - 5)^2$
f) $\frac{9}{16}x^2 + 6x + 16 = \left(\frac{3}{4}x + 4\right)^2$

Seite 55 | Aufgabe 3
a) $z^2 + 4z + 4 = (z + 2)^2$ oder $z^2 + (-4z) + 4 = (z - 2)^2$: Die Lösungen unterscheiden sich im Vorzeichen des mittleren Terms.
b) $4t^2 - 4t + 1 = (2t - 1)^2$: Es gibt eine eindeutige Lösung.
c) $4u^2 + 28u + 49 = (2u + 7)^2$: Es gibt eine eindeutige Lösung.
d) $9a^4 - 24a^2 + 16 = (3a^2 - 4)$: Es gibt eine eindeutige Lösung.
e) $9v^2 - 42vw + 49w^2 = (3v - 7w)^2$ oder $49v^2 - 42vw + 9w^2 = (7v - 3w)^2$: Es gibt verschiedene Lösungen.
f) $36x^2 - 25y^2 = (6x + 5y) \cdot (6x - 5y)$: Es gibt viele verschiedene Lösungen, den zweiten Teil des Terms kann man frei wählen.

Seite 55 | Aufgabe 4
a) $2x^2 + 8x + 8 = 2 \cdot (x^2 + 4x + 4) = 2 \cdot (x + 2)^2$
b) $5y^2 - 60y + 180 = 5 \cdot (y - 12y + 36) = 5 \cdot (y - 6)^2$
c) $18a^2 + 12ab + 2b^2 = 2 \cdot (9a^2 + 6ab + b^2) = 2 \cdot (3a + b)^2$
d) $-12p^2 + 36pq - 27q^2 = -3 \cdot (4p^2 - 12pq + 9q^2) = -3 \cdot (2p - 3q)^2$
e) $19,2a^2 - 9,6ab + 1,2b^2 = 1,2 \cdot (16a^2 - 8ab + b^2) = 1,2 \cdot (4a - b)^2$
f) $-\frac{2}{3}x^2 - \frac{20}{3}xy - \frac{50}{3}y^2 = -\frac{2}{3} \cdot (x^2 - 10xy + 25y^2) = -\frac{2}{3} \cdot (x - 5y)^2$

Seite 56 | Aufgabe 10
a) $(a + b)(a - b) - (a + b)^2 = -2ab - 2b^2$
b) $(8c + 1)^2 - (8c - 1)^2 = 32c$
c) $(2a + 5b)^2 + (2a - 5b)^2 = 8a^2 + 50b^2$
d) $(3y - 7z)^2 - (3y + 7z)^2 = -84yz$
e) $(4p - 1)^2 + (6p - 1) \cdot (6p + 1) = 52p^2 - 8p$
f) $(7r^2 + s^2) \cdot (7r^2 - s^2) - (7r^2 - s^2)^2 = -2s^4 + 14r^2s^2$
g) $(4a - 5b)(4a + 5b) - (4a + 5b)^2 = -50b^2 - 40ab$
h) $(x - 4y)(x + 4y) + (x - 4y)(y + 2) = x^2 + 2x + xy - 20y^2 - 8y$

Seite 56 | Aufgabe 11
Wenn der Flächeninhalt des roten Quadrats neunmal so groß ist wie der des blauen, dann ist seine Seitenlänge dreimal so groß. Wenn man die Seitenlänge des blauen Quadrats mit a bezeichnet, dann ist die Seite des roten 3a und die des Gesamtquadrats 4a.
Die restlichen Flächen haben den Flächeninhalt 6a², das Gesamtquadrat 16a². Der gesuchte Prozentsatz ist $\frac{6a^2}{16a^2} = \frac{3}{8} = 37{,}5\,\%$.

Seite 56 | Aufgabe 12
Eine ungerade Zahl lässt sich darstellen als 2n + 1, wobei n aus den natürlichen Zahlen kommt.
Dann ist: $(2n + 1)^2 = 4n^2 + 4n + 1 = 2 \cdot (2n^2 + 2n) + 1 = 2m + 1$ mit $m = 2n^2 + 2n$
Dies ist dann wieder eine Zahl in der Form 2n + 1, also eine ungerade Zahl.

Seite 56 | Aufgabe 13

a²	a b	a c
a b	b²	b c
a c	b c	c²

$(a + b + c)^2 = a^2 + b^2 + c^2 + 2ab + 2ac + 2bc$

Seite 56 | Aufgabe 14
a) $7(9y + 2x)^2 + 2(4x - 7y)^2 - 3(6y + 5x)(5x - 6y) = 7(81y^2 + 36xy + 4x^2) + 2(16x^2 - 56xy + 49y^2) - 3(25x^2 - 36y^2)$
$= -15x^2 + 140xy + 773y^2$
b) $(4y + 3x)^2 - (3x + 4y)(3x - 4y) - (3y - 4x)^2 = -16x^2 + 48xy + 23y^2$
c) $(3x - 2)^2 - (2x - 3)(2x + 3) - (1 - 3x)^2 = 9x^2 - 12x + 4 - (4x^2 - 9) - (1 - 6x + 9x^2)^2 = -4x^2 - 6x + 12$

Seite 56 | Aufgabe 15
a) $(a + b)^3$ ist das Volumen des Würfels mit der Seitenlänge a + b.
Anhand der Zeichnung erkennt man, dass sich das Volumen des gesamten Würfels aus dem Volumen des Würfels mit der Seitenlänge a, aus dem Volumen des Würfels mit der Seitenlänge b und aus verschiedenen Quadern zusammensetzt. Drei von diesen Quadern besitzen das Volumen a²b, die anderen drei das Volumen ab².
$(a + b)^3 = (a + b)^2 \cdot (a + b) = (a^2 + 2ab + b^2) \cdot (a + b) = a^3 + a^2b + 2a^2b + 2ab^2 + ab^2 + b^3 = a^3 + 3a^2b + 3ab^2 + b^3$
b) $(a + b)^4 = (a + b)^2 \cdot (a + b)^2 = a^4 + 4a^3b + 6a^2b^2 + 4ab^3 + b^4$
$(a + b)^5 = (a + b)^3 \cdot (a + b)^2 = a^5 + 5a^4b + 10a^3b^2 + 10a^2b^3 + 5ab^4 + b^5$
Vor dem ersten und letzten Summand steht immer der Faktor 1. Ist die Potenz gerade, so gibt es eine ungerade Anzahl an Summanden. Ist die Potenz ungerade, so gibt es eine gerade Anzahl von Summanden. jeder Koeffizient kommt zweimal vor.
c) Mit dem Pascal'schen Dreieck bestimmt man die Koeffizienten für die ausmultiplizierten Formen der Potenzen $(a + b)^n$.

Seite 56 | Aufgabe 16
Beispielzahl: 31.
Vertauschen: 13; 1. Term: $31^2 - 13^2 = 792$; 2. Term: $(3^2 - 1^2) \cdot 99 = 792$. : Die Terme stimmen überein.
Allgemein: Die Zahl kann man darstellen als 10a + b mit a > b. Durch Vertauschen erhält man dann die Zahl 10b + a.
1. Term: $(10a + b)^2 - (10b + a)^2 = 100a^2 + 20ab + b^2 - (100b^2 + 20ab + a^2) = 99a^2 - 99b^2 = 99(a^2 - b^2)$.
Dies entspricht dem 2. Term: $(a^2 - b^2) \cdot 99$.

3 Symmetrie von Figuren

3.1 Achsensymmetrische Figuren

Seite 61 | Einstieg
Das Bild hat eine senkrechte Symmetrieachse in der Mitte. Wahrscheinlich haben Marie und ihre Schwester ein Blatt mit Farbe gefaltet und so ein symmetrisches Bild erstellt.

Seite 63 | Aufgabe 1
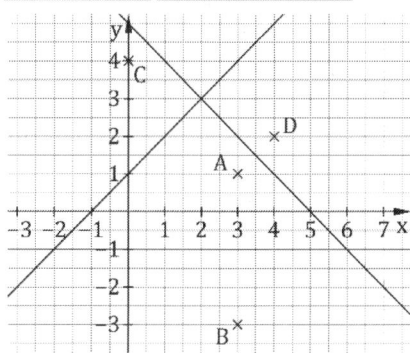
Flächeninhalt des Dreiecks: $A = 0{,}5 \cdot 8 \cdot 4 = 16$

Seite 63 | Aufgabe 2
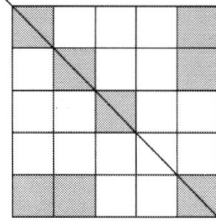
Es muss noch ein Quadrat gefärbt werden, damit die Figur achsensymmetrisch ist.
Individuelle Lösung für das selbst erstellte Quadrat.

Seite 63 | Aufgabe 3
a) Das Bild wirkt sehr ordentlich. Da es achsensymmetrisch ist, würde man jeden kleinen Fehler erkennen. Nur die Farben schwarz und weiß sind auf den beiden Seiten getauscht.
b) Das Bild wirkt sehr gemütlich. Es wirkt unordentlicher als das andere Bild. Da die Gestaltung keiner Regel folgt, weiß man nicht, was einen erwartet. Es gibt viel auf dem Bild zu entdecken.

Seite 63 | Aufgabe 4

a)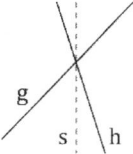

Die Aussage gilt, wenn die Gerade s die Winkelhalbierende zu g und h ist.

b)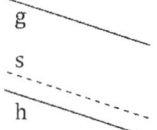

Die Aussage gilt, wenn die Geraden g und h den gleichen Abstand zu s haben und auf verschiedenen Seiten von s liegen.

Seite 63 | Aufgabe 5
a)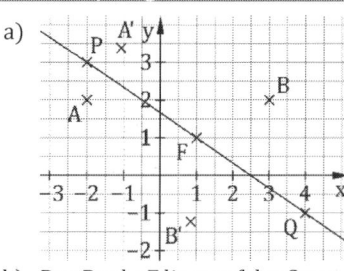

b) Der Punkt F liegt auf der Symmetrieachse. Der achsensymmetrische Punkt von F ist also mit F identisch.

Seite 63 | Aufgabe 6

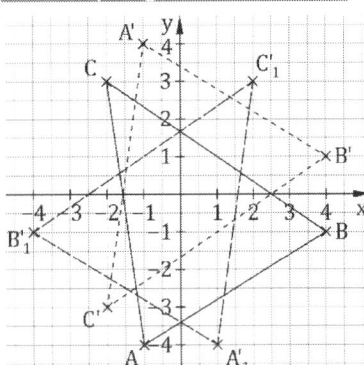

Symmetrisch zur x-Achse: A'(−1|4); B'(4|1); C'(−2|−3); symmetrisch zur y-Achse: A'₁(1|−4); B'₁(−4|−1); C'₁(2|3);

Seite 63 | Aufgabe 7

Der Punkt B ist der Schnittpunkt der Geraden g mit der Symmetrieachse. Deswegen liegt B auf der achsensymmetrischen Gerade g'. Jessica muss also nur einen Punkt auf der Gerade g auswählen, den sie an der Symmetrieachse spiegelt. Durch diesen gespiegelten Punkt und den Punkt B verläuft dann die Gerade g'.

Seite 64 | Aufgabe 8

a) 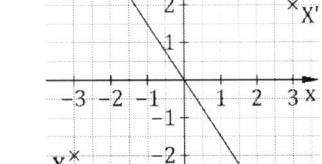   b)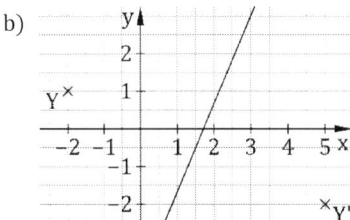

Seite 64 | Aufgabe 9

Emre hat nicht beachtet, dass die Kreise um die Punkte A und A' den gleichen Radius haben müssen.
Konstruktionsbeschreibung: Zeichne einen Kreis um A mit genügend großem Radius. Zeichne einen Kreis um A' mit dem gleichen Radius. Die Symmetrieachse verläuft durch die Schnittpunkte der beiden Kreise.

Seite 64 | Aufgabe 10

a) bis d)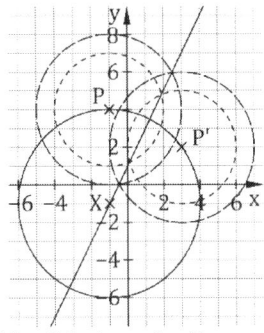

b) Die beiden Schnittpunkte liegen auf der Symmetrieachse.
d) Der Punkt X hat den gleichen Abstand von P wie von P'. Deswegen geht auch der Kreis um X durch diese beiden Punkte.
e) Alle Punkte, die von P und P' gleich weit entfernt sind, liegen auf der eingezeichneten Symmetrieachse.

Seite 64 | Aufgabe 11

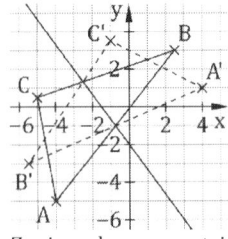

Zueinander symmetrische Dreiecksseiten schneiden sich auf der Symmetrieachse, denn die Eckpunkte der Dreiecke sind symmetrisch zueinander.

Seite 64 | Aufgabe 12

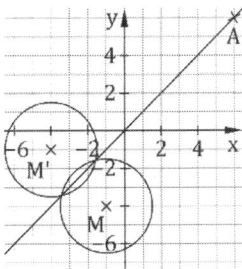

Zuerst wird der symmetrische Punkt M' zum Mittelpunkt M konstruiert. Anschließend wird der Radius so gewählt, dass der Kreis wie der erste Kreis die Symmetrieachse im Punkt D schneidet. Die beiden Kreise sind nun achsensymmetrisch.

Seite 64 | Aufgabe 13

a)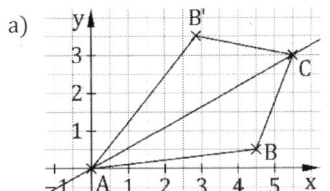

b)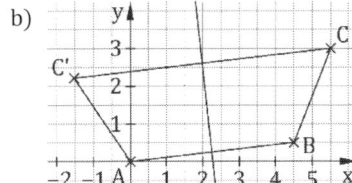

Seite 65 | Aufgabe 14

Die Verbindungslinie von C und B sowie von C' und B' schneiden sich. Der Schnittpunkt liegt auf der Symmetrieachse. Ebenso schneiden sich die Verbindungslinien von C und A sowie von C' und A'. Der Schnittpunkt liegt ebenfalls auf der Symmetrieachse. Die Symmetrieachse ist also die Gerade, die durch die beiden Schnittpunkte verläuft.
Eine Konstruktion ohne Zirkel ist also möglich, da es zwei eindeutige Schnittpunkte gibt, die auf der Symmetrieachse liegen.

Seite 65 | Aufgabe 15

Damit eine Gerade g zu sich selbst symmetrisch ist, muss die Gerade g entweder mit der Symmetrieachse übereinstimmen oder senkrecht zu ihr verlaufen. Damit ein Kreis k zu sich selbst symmetrisch ist, muss die Symmetrieachse durch den Mittelpunkt des Kreises verlaufen.

Seite 65 | Aufgabe 16

a) Die Aussage stimmt, denn bei achsensymmetrischen Figuren sind zueinander symmetrische Strecken gleich lang und zueinander symmetrische Winkel gleich groß. Deswegen lassen sich zwei zueinander achsensymmetrische Dreiecke so verschieben, dass sie deckungsgleich sind.
b) Die Aussage stimmt. Da die Rechtecke achsensymmetrisch gelegen sind, sind zueinander symmetrische Strecken gleich groß. Deswegen haben die Rechtecke den gleichen Flächeninhalt.

Seite 65 | Aufgabe 17

a)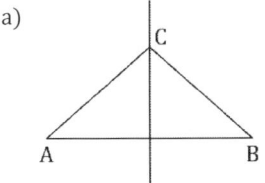

b) Angenommen, eine Symmetrieachse verläuft durch den Punkt C. Dann ist A der zu B symmetrische Punkt und die Strecken CA und CB sind gleich lang. Angenommen, die zweite Symmetrieachse verläuft durch den Punkt A. Dann ist C der zu B symmetrische Punkt. Folglich sind auch die Strecken AC und AB symmetrisch. Daraus folgt, dass die Strecken CB und AB gleich lang sind. Es existiert somit eine dritte Symmetrieachse, die durch den Punkt B verläuft und den Winkel halbiert.

Seite 65 | Aufgabe 18

a)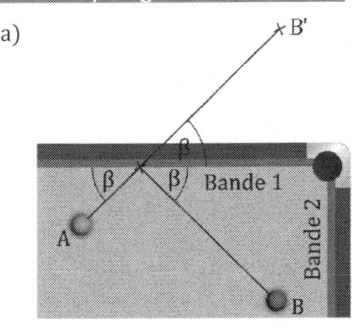

b)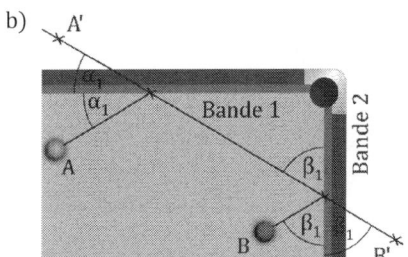

3.2 Grundkonstruktionen

Seite 66 | Einstieg

Die Symmetrieachse halbiert die Strecke AB, diese Konstruktion ist am genauesten.

Seite 68 | Aufgabe 1

a) 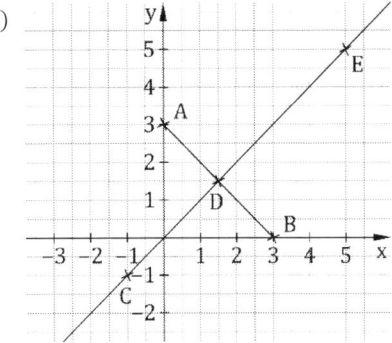 b) 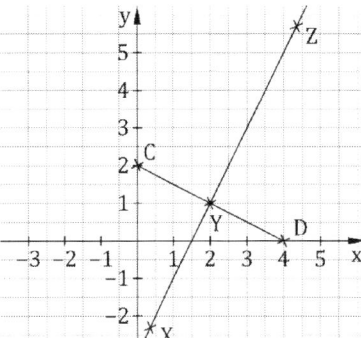 c)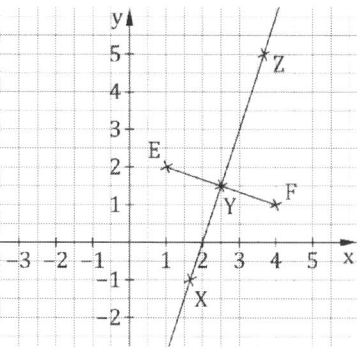

Seite 68 | Aufgabe 2

Tobias muss die Kreise, die er um die Punkte C und D gezeichnet hat, gleich groß konstruieren. Er hat den Radius verändert und somit ist seine Konstruktion falsch. Auf der Mittelsenkrechten liegen alle Punkte, die von den Punkten C und D den gleichen Abstand haben. Die Schnittpunkte von zwei Kreisen mit dem gleichen Radius haben den gleichen Abstand von C und D und liegen somit auf der Symmetrieachse.

Seite 68 | Aufgabe 3

a) 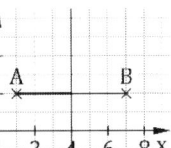 b) 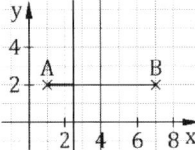 c) 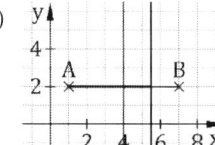 d)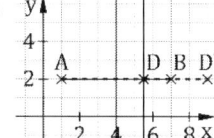

Seite 69 | Aufgabe 4

a) und b)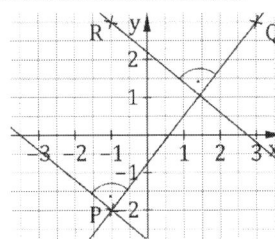

c) Ein Lot verläuft immer senkrecht zu einer Geraden. Deswegen verlaufen die beiden Lote parallel zueinander. Sie stehen beide senkrecht auf g.

Seite 69 | Aufgabe 5

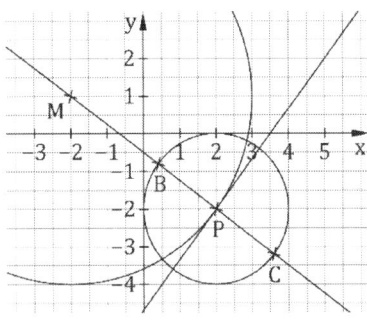

Konstruktionsbeschreibung: Zeichne den verlängerten Durchmesser des Kreises ein, also eine Gerade g, die durch M und P verläuft. Zeichne einen Kreis um P mit einem beliebigen Radius. Dieser schneidet g in den Punkten A und B. Konstruiere nun die Mittelsenkreche von A und B. Dies ist die Tangente an den Kreis im Punkt P.

Seite 69 | Aufgabe 6

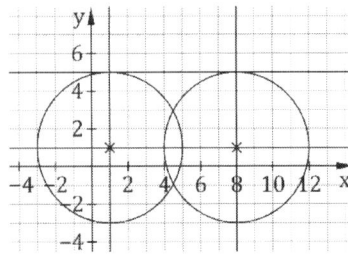

Konstruktionsbeschreibung: Man zeichnet auf der gegebenen Geraden zwei Punkte ein, hier die Punkte (1|1) und (1|8). Um beide Punkte zeichnet man nun einen Kreis mit dem Radius 4 cm und konstruiert je eine Senkrechte zur gegebene Geraden durch den Punkt. Die Parallele im Abstand 4 cm geht durch die Schnittpunkte der Senkrechten und der Kreise.

Seite 69 | Aufgabe 7

Laura konstruiert eine Gerade, die parallel zu g ist und durch den Punkt P verläuft. Alan konstruiert eine Gerade, die von der Geraden g den Abstand 3 cm hat. Der Unterschied ist der, dass Laura einen Punkt vorgibt, durch den die parallele Gerade verläuft. Alan gibt den Abstand der parallelen Geraden an.

Seite 69 | Aufgabe 8
individuelle Lösungen

Seite 69 | Aufgabe 9
Marlen hat zunächst einen Kreis um den Punkt S gezeichnet. Um die Schnittpunkte mit den Schenkeln hat sie zwei weitere Kreise gezeichnet, um die Mittelsenkrechte zwischen den Schnittpunkten zu konstruieren. Diese Mittelsenkreche entspricht der Winkelhalbierenden. Jedoch hat Marlen nicht beachtet, dass die beiden weiteren Kreise, die sie eingezeichnet hat, nicht den gleichen Radius haben. Um die Mittelsenkreche richtig zu konstruieren, muss Marlen die Schnittpunkte von zwei sich schneidenden Kreise bestimmen, die den gleichen Radius haben.

Seite 69 | Aufgabe 10

a) (1) 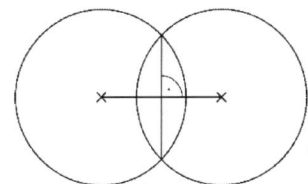   (2) 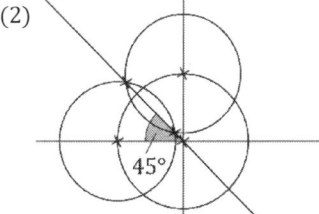   (3)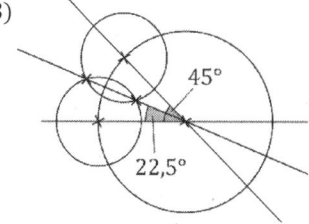

b) Mit Zirkel und Lineal kann man Winkelhalbierende konstruieren. Deswegen kann man alle Winkel konstruieren, die den vorherigen Winkel halbieren. Beispielsweise kann man aus dem 22,5°-Winkel einen 11,25°-Winkel konstruieren.

Seite 70 | Aufgabe 11

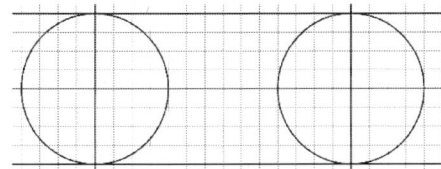

Alle Punkte, die in dem Bereich zwischen den Parallelen liegen, sind weniger als 2 cm von der Geraden in der Mitte entfernt. Die Punkte, die auf den Parallelen liegen, sind genau 2 cm von der roten Gerade entfernt, sie sind in dieser Aufgabe nicht gesucht.

Seite 70 | Aufgabe 12

a)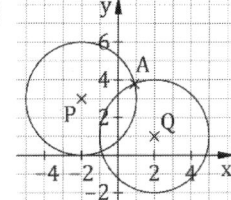

Alle Punkte, die Schnittpunkte von zwei gleich großen Kreisen um P und Q sind, sind mögliche Startpunkte. Denn diese Punkte liegen gleich weit von P und Q entfernt.

b) Bei der Berechnung geht es nur um die direkte Strecke zwischen Startort und Zielort. Es wird nicht berücksichtigt, ob es auch einen direkten Weg als Verbindung zwischen diesen Punkten gibt.

Seite 70 | Aufgabe 13

a)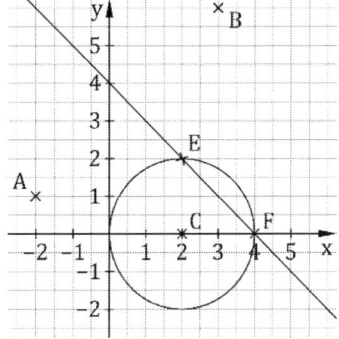

Die Vorgaben gelten für die Punkte E und F.

b)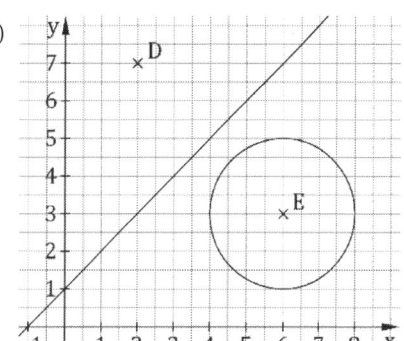

Es gibt keine Punkte, die die Vorgaben erfüllen. Sie müssten oberhalb der Symmetriegeraden zwischen D und E und innerhalb des Kreises liegen.

Seite 70 | Aufgabe 14
Alle Punkte auf der rot markierten Linie haben von den Punkten A und B den gleichen Abstand und sind mindestens 1,5 Längeneinheiten von A und B entfernt.

Seite 70 | Aufgabe 15

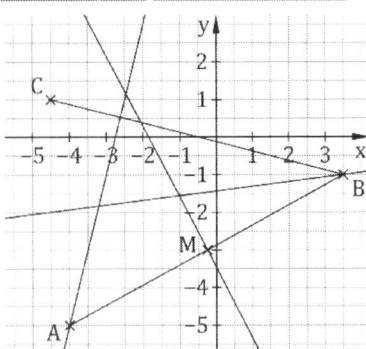

Seite 70 | Aufgabe 16

(1) Die Sprache muss ein wenig angepasst werden, damit man beispielsweise versteht, dass mit gleichen Kreisen zwei Kreise mit gleichem Radius gemeint sind. Es wäre gut, wenn die Schnittpunkte mit A und B benannt werden und in der weiteren Beschreibung auf diese Punkte zurückverwiesen wird.

(2) Am Anfang kann man aufzählen, was für die Konstruktion bereits vorhanden ist: „Wir haben eine Gerade h und einen Punkt Q, der nicht auf h liegt." Es muss erwähnt werden, dass die Kreise um X und Y den gleichen Radius haben. Die Schnittpunkte dieser Kreise liegen auf dem Lot zu h durch Q.

Seite 71 | Aufgabe 17

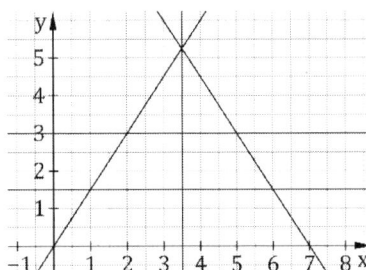

Dieses Trapez hat die Höhe 3 cm, die parallelen Seiten sind 7 cm und 3 cm lang. Es gibt natürlich beliebig viele weitere Trapeze mit dem Flächeninhalt 15 cm².

Seite 71 | Aufgabe 18

a)

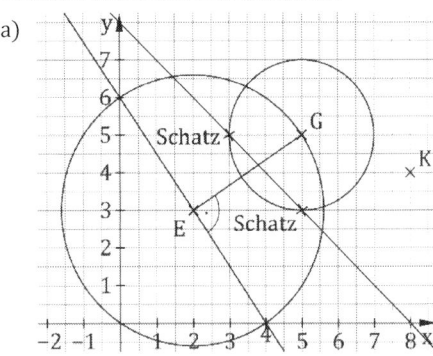

b) Auf dem Kreis liegen alle Punkte, die genau 2 LE von G entfernt sind. Dieser Kreis und die Mittelsenkrechte der Strecke PK haben zwei Schnittpunkte. Es gibt also zwei Möglichkeiten, an denen der Schatz liegen kann. Wenn der Pirat George den Schatz nicht an der einen Stelle findet, muss der Schatz an der anderen Stelle liegen.

Seite 71 | Aufgabe 19

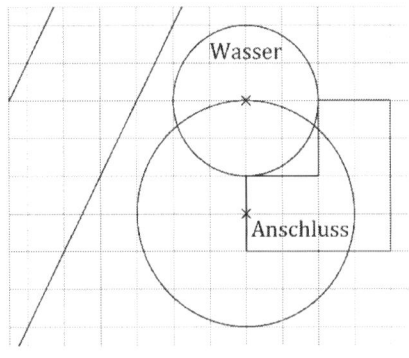

Der Rasensprenger sollte so auf dem Kreis mit Radius 3 m um den Anschluss aufgestellt werden, dass kein Wasser auf Haus oder Straße fällt. So wird eine maximale Rasenfläche bewässert.

Seite 71 | Aufgabe 20

a) Zeichne die Strecke AB ein und konstruiere die Mittelsenkrechte dieser Strecke. Der Schnittpunkt der Mittelsenkrechten mit der Strecke AB ist der Mittelpunkt des Kreises. Zeichne einen Kreis durch diesen Mittelpunkt und durch die Punkte A und B

b) Pia hat Recht. Es gibt unendlichen viele Möglichkeiten für einen Kreis, der durch zwei bekannte Punkte verläuft, da die Punkte keine feste Position auf dem Kreis haben. Jedoch ist es schwierig, diese Kreise zu konstruieren, da es dafür keine Regeln gibt. Der in Aufgabenteil a) konstruierte Kreis kann immer gefunden werden.

Seite 71 | Aufgabe 21

a)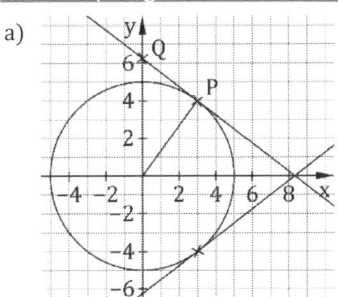

b) $A = 0{,}5 \cdot 6{,}3 \cdot 3 = 9{,}45$

c) Der Kreis ist bezüglich der x-Achse zu sich selbst symmetrisch. Deswegen ist die gespiegelte Tangente ebenfalls Tangente an den Kreis. Denn es gibt einen zu P symmetrischen Punkt auf dem Kreis.

Seite 71 | Aufgabe 22

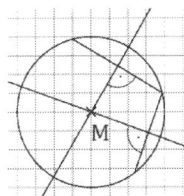

Man zeichnet zwei Sehnen des Kreises und konstruiert von beiden die Mittelsenkrechte. Der Schnittpunkt der Mittelsenkrechten ist der Mittelpunkt des Kreises.

Methode: Konstruktion mithilfe einer dynamischen Geometriesoftware

Seite 73 | Aufgabe 1

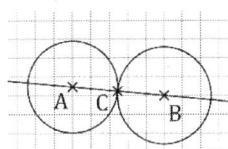

(1) Verschiebt man den Punkt A, ändert sich die Gerade. Die Gerade verläuft aber immer durch den Punkt B.
(2) Verschiebt man den Punkt C, verändert sich die Lage der Geraden nicht. Der Punkt C wandert entlang der Geraden.
(3) Verschiebt man den Punkt C, so verändert sich die Größe der Radien der Kreise.
(4) Verschiebt man den Punkt A, so verändert sie die Position der Geraden und die Größe der Radien.

Seite 73 | Aufgabe 2

a) Bewegt man den Punkt A, so bewegt sich der Punkt A' spiegelverkehrt in die gleiche Richtung.
b) Um ein Symbol zu zeichnen, muss man mit dem Punkt A das Symbol „auf dem Kopf stehend" zeichnen.

Seite 73 | Aufgabe 3

individuelle Lösungen

Seite 73 | Aufgabe 4

Lege zwei Punkte fest und lege eine Gerade durch diese beiden Punkte. Konstruiere durch beide Geraden eine Senkrechte. Lege auf einer dieser Senkrechten den dritten Eckpunkt des Vierecks fest. Konstruiere wieder eine Senkrechte in diesem Punkt. Der Schnittpunkt dieser Senkrechten mit der anderen Geraden ist der vierte Eckpunkt.

Seite 73 | Aufgabe 5

Länge der Seiten: $\frac{1}{\sqrt{2}}$ (m); Flächeninhalt: $A = \frac{1}{\sqrt{2}} \cdot \frac{1}{\sqrt{2}} = 0{,}5$ (m²)

3.3 Punktsymmetrische Figuren

Seite 74 | Einstieg

Die Karten sind symmetrisch um ihren Mittelpunkt: Wenn man sie um 180° um den Mittelpunkt dreht, gehen sie in sich selbst über. Diese Symmetrie nennt man Punktsymmetrie.

Seite 75 | Aufgabe 1

a) Die Figur ist weder punkt- noch achsensymmetrisch. Die Figur lässt sich nicht über eine 180°-Drehung um einen Punkt wieder in sich überführen kann. Die Figur kann man auch nicht so falten, dass beide Teile deckungsgleich sind.
b) Die Figur ist punktsymmetrisch. Das Symmetriezentrum liegt in der Mitte der Figur.
c) Die Figur ist achsensymmetrisch, die Symmetrieachse verläuft horizontal durch den Mittelpunkt des Kreises.
d) Die Figur ist achsensymmetrisch, die Symmetrieachse verläuft vertikal durch den Mittelpunkt des Kreises.

Seite 75 | Aufgabe 2

a) Der Garten der tragischen Liebe ist punktsymmetrisch, das Symmetriezentrum befindet sich im Mittelpunkt des Gartens. Der Garten der vergangenen Liebe ist aufgrund der Farbgestaltung weder punkt- noch achsensymmetrisch.
b) individuelle Lösung

Seite 75 | Aufgabe 3

a) 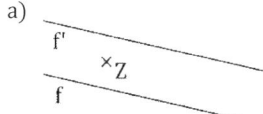   b) individuelle Lösungen

Es müssen noch mindestens 2 Quadrate gefärbt werden.

Seite 76 | Aufgabe 4

Das Dreieck A'B'C' ist nicht zum Dreieck ABC punktsymmetrisch, da es sich nicht durch eine Drehung um 180° um einen Punkt in dieses überführen lässt.
Das Dreieck A"B"C" ist nicht zum Dreieck ABC punktsymmetrisch, da zueinander symmetrisch Strecken gleich lang sein müssen. Dies ist nicht der Fall.
Das Dreieck A'''B'''C''' ist zum Dreieck ABC punktsymmetrisch.

Seite 76 | Aufgabe 5

(1) Nur achsensymmetrisch: 1. Reihe links, 2. Reihe links, 3. Reihe rechts, 4. Reihe rechts und links
(2) Nur punktsymmetrisch: 3. Reihe links
(3) Achsen- und punktsymmetrisch: 1. Reihe rechts, 2. Reihe rechts

Seite 76 | Aufgabe 6

a)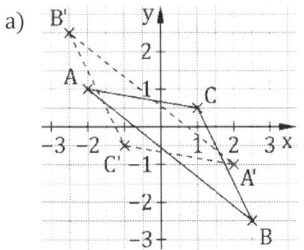

Die Aussage stimmt, wenn der Punkt Z auf der Geraden liegt.

b)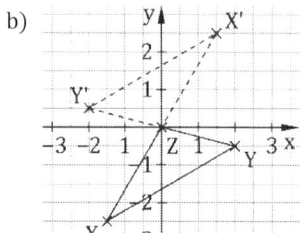

Die Aussage stimmt, wenn Z genau in der Mitte zwischen den beiden Geraden liegt.

Seite 76 | Aufgabe 7

a)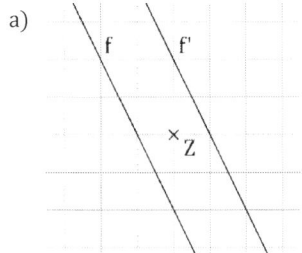

b)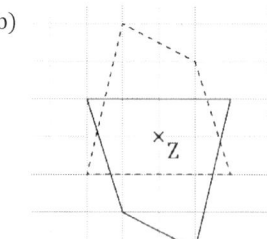

Bei der Konstruktion mit dem Geodreieck benötigt man weniger Hilfslinien, die Zeichnung ist übersichtlicher als bei der Konstruktion mit Zirkel und Lineal.

Seite 76 | Aufgabe 8

a) b) c)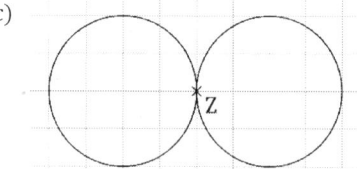

Liegt das Symmetriezentrum auf der Gerade, so ist die erzeugte Gerade mit der Ursprungsgerade identisch. Je weiter das Symmetriezentrum von der Geraden entfernt ist, desto weiter entfernt ist auch die erzeugte Gerade.

Liegt das Symmetriezentrum innerhalb der Figur, so überlappen sich das erzeugte Objekt und die Figur.
Liegt das Symmetriezentrum außerhalb der Figur, so liegt das erzeugte Objekt auch außerhalb der Figur.

Liegt das Symmetriezentrum innerhalb der Figur, so überlappen sich das erzeugte Objekt und die Figur.
Liegt das Symmetriezentrum außerhalb der Figur, so liegt das erzeugte Objekt auch außerhalb der Figur.

Seite 76 | Aufgabe 9

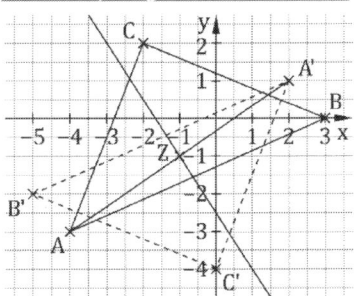

Jeder Schnittpunkt hat einen punktsymmetrischen Punkt, der wieder ein Schnittpunkt der Dreiecksseiten ist. Das ist so, weil zueinander symmetrische Strecken gleich lang und zueinander symmetrische Winkel gleich groß sind.

Seite 77 | Aufgabe 10

a) Der Schmetterling und der Seestern sind achsensymmetrisch. Die Symmetrieachsen verlaufen vertikal. Auch jedes einzelne Blatt für sich ist achsensymmetrisch mit vertikaler Symmetrieachse.
b) Individuelle Lösungen. Beispielsweise sind viele Gesichter nahezu achsensymmetrisch mit vertikaler Symmetrieachse.

Seite 77 | Aufgabe 11

Das Dreieck A"B"C" entsteht aus dem Dreieck ABC durch eine Punktspiegelung. Das Symmetriezentrum ist der Schnittpunkt der beiden zueinander senkrechten Symmetrieachsen.

Seite 77 | Aufgabe 12

individuelle Lösungen

Seite 77 | Aufgabe 13

a)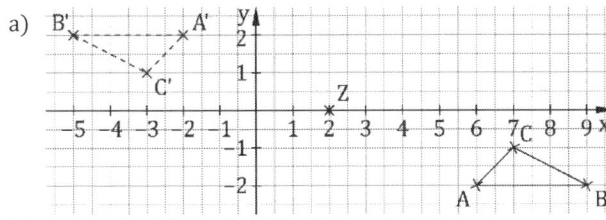

b) Beispiele: (1) Z = (−3|3); (2) Z = (−1|1)

Seite 77 | Aufgabe 14

a) Die Figur lässt sich durch eine Drehung um 120° um ihr Drehzentrum wieder in sich selbst überführen. Das Drehzentrum ist der Mittelpunkt der Figur.
b) Die Punktsymmetrie ist eine Drehsymmetrie mit dem Drehwinkel 180° und damit ein Spezialfall der Drehsymmetrie.
c) Tibor hat nicht immer Recht. Seine Aussage trifft nur auf gleichseitige Dreiecke zu. Diese sind drehsymmetrisch mit einem Drehwinkel von 120°. Bezogen auf alle Dreiecke stimmt die Aussage nicht. Betrachtet man beispielsweise ein Dreieck mit einem rechten Winkel, ist zu erkennen, dass die Aussage falsch ist.

3.4 Symmetrische Vierecke

Seite 87 | Einstieg

Blau: Trapez, Parallelogramm, Drachenviereck
Rot: Rechteck; Raute
Grün: Quadrat
Gelb: gibt es nicht

Seite 79 | Aufgabe 1

Blau: Quadrat, Achsen- und Punktsymmetrie
Rot: Raute, Achsen- und Punktsymmetrie
Violett: Trapez: Achsensymmetrie
Gelb: Drachenviereck, Achsensymmetrie
Grün: Parallelogramm, Punktsymmetrie
Braun: Rechteck; Achsen- und Punktsymmetrie
Anzahl der gleich langen Seiten: 4 – Quadrat, Raute; 2 x 2 – Rechteck, Drachenviereck, Parallelogramm; 2 – Trapez
Anzahl der gleich großen Winkel: 4 – Quadrat, Rechteck; 2 x 2 – Raute, Trapez, Parallelogramm; 2 – Drachenviereck
Diagonalen gleich lang – Quadrat, Rechteck, Trapez; Diagonalen nicht gleich lang – Raute, Parallelogramm, Drachenviereck

Seite 79 | Aufgabe 2

Das Parallelogramm passt nicht in die Gruppe, da es als einziges der Vierecke nicht achsensymmetrisch ist.

Seite 79 | Aufgabe 3

a) Die Aussage stimmt.
b) Nein, auch Quadrate und Rauten sind punkt- und achsensymmetrisch.
c) Die Aussage stimmt.
d) Nur gleichschenklige Trapeze sind achsensymmetrisch. Ein nicht gleichschenkliges Trapez ist nicht achsensymmetrisch.

Seite 80 | Aufgabe 4

a) Punktsymmetrisch, aber keine Raute: Parallelogramm, Rechteck, Quadrat
Keine Symmetrieachse, aber zwei rechte Winkel: keine Viereckart ist möglich
Genau eine Symmetrieachse und zwei Paar gleich großer Winkel: Gleichschenkliges Trapez, Drachenviereck

b) Es gibt kein Viereck, das genau eine Symmetrieachse hat und punktsymmetrisch ist. Alle punktsymmetrischen Dreiecke haben zwei Symmetrieachsen, wenn sie auch noch achsensymmetrisch sind.

Seite 80 | Aufgabe 5

(1)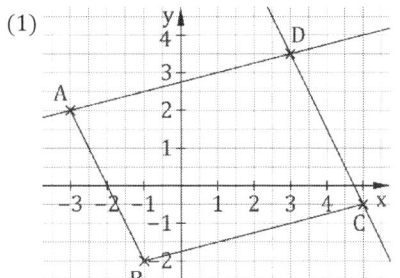

(2)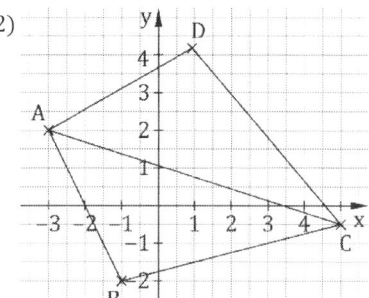

(3)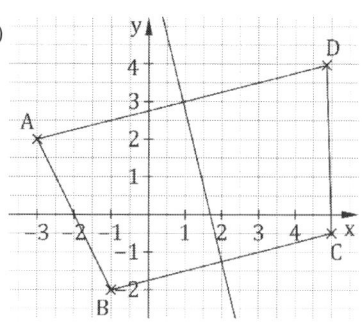

Konstruiere die parallelen Geraden zu den Geraden AB und BC. Der Schnittpunkt dieser Geraden ist der Punkt D

Die Strecke AB ist die Symmetrieachse des Vierecks. Der Punkt D ist der achsensymmetrische Punkt zu B.

Die Mittelsenkrechte der Strecke AB ist die Symmetrieachse des Trapezes. D ist achsensymmetrisch zu A.

Seite 80 | Aufgabe 6

a) Die Aussage stimmt, denn jedes Rechteck hat zwei parallele Seiten.
b) Die Aussage stimmt, denn jedes Quadrat hat zwei Paare paralleler Seiten.
c) Die Aussage stimmt nicht, denn nicht jedes Drachenviereck hat vier gleiche Seiten.
d) Die Aussage stimmt nicht, da eine Raute keine parallelen Seitenpaare haben muss.
e) Die Aussage stimmt nicht. Jedes Quadrat hat zwei parallele Seitenpaare und ist so ein Parallelogramm.
f) individuelle Lösungen

Seite 80 | Aufgabe 7

a)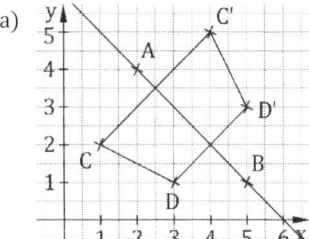

b)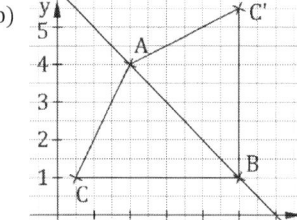

c)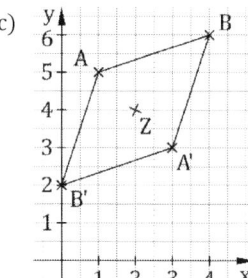

Eine Gerade wurde durch die Punkte A und B gelegt. Diese Gerade ist eine Symmetrieachse, an der der Punkt C gespiegelt wurde. Es ergibt sich ein gleichschenkliges Trapez. Durch Verschieben von D kann auch ein Rechteck oder ein Quadrat entstehen. Andere Viereckarten sind nicht möglich, da die Symmetrieachse durch die Seitenmittelpunkte verläuft.

Für ein Drachenviereck müssen zwei Punkte festgelegt werden, durch die die Symmetrieachse verläuft. Ein weiterer Punkt außerhalb der Symmetrieachse wird gewählt und gespiegelt. Durch Verschiebung des gespiegelten Punktes können Rauten und Quadrate entstehen. Andere Möglichkeiten gibt es nicht, da nur bei diesen Vierecken die Symmetrieachse durch zwei Eckpunkte verläuft.

Es ist ein Parallelogramm entstanden. Durch Verschieben des Punktes A können auch Rechtecke, Rauten und Quadrate entstehen. Andere Möglichkeiten gibt es nicht, da ein Parallelogramm ein Symmetriezentrum hat und die anderen Viereckarten nicht.

d) Ein Quadrat hat alle Eigenschaften, die auch die anderen Viereckarten einzeln haben. Deswegen kann in allen Fällen ein Quadrat entstehen.

Seite 81 | Aufgabe 8

a) Alle Vierecke mit zwei verschiedenen Symmetrieachsen haben zwei paar gleich lange Seiten und zwei Paar gleich große Winkel.
b) Alle Vierecke mit genau einer Symmetrieachse haben ein Paar gleich lange Seiten und ein Paar gleich große Winkel.
c) Alle punktsymmetrischen Vierecke haben zwei Paar gleich lange Seiten und zwei Paar gleich große Winkel.

Seite 81 | Aufgabe 9

a) Raffaela hat Recht. Die Symmetrieachse verläuft durch den Eckpunkt oben links und den Eckpunkt unten rechts. Deswegen gibt es zwei Paar gleich lange Seiten und ein Paar gleich große Winkel.
b) Das blaue Viereck ist kein Drachenviereck, da die Symmetrieachse nicht durch die Eckpunkte verläuft. Das grüne Viereck ist ebenfalls kein Drachenviereck, da die Symmetrieachse nicht durch die Eckpunkte verläuft.

Seite 81 | Aufgabe 10

a) Die Aussage stimmt, da das gefällte Lot auf eine Diagonale der anderen Diagonalen entspricht. In einem Drachenviereck stehen die Diagonalen senkrecht zueinander.
b) Die Aussage stimmt, da die Diagonalen die Winkelhalbierenden sind. Diese verlaufen jeweils durch zwei Ecken der Raute.

Seite 82 | Aufgabe 11

a) Die Aussage stimmt nicht allgemein, da eine Raute auch ein punkt- und achsensymmetrisches Viereck ist. Eine Raute hat jedoch nicht vier gleich große Winkel, sondern nur zwei Paar gleich große Winkel.

b) Die Aussage stimmt nicht allgemein. Bei einem Drachenviereck sind ebenfalls zwei gegenüberliegende Winkel gleich groß und zwei Seiten gleich lang. Da ein Drachenviereck keine Raute ist, stimmt die Aussage nicht.

Seite 82 | Aufgabe 12

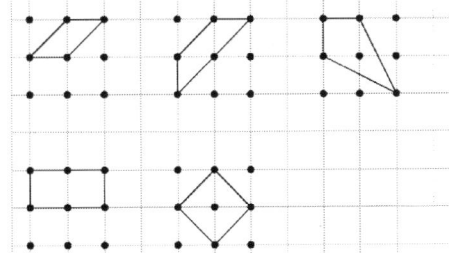

Nach der Anzahl ihrer Symmetrieachsen: Ein Parallelogramm hat keine Symmetrieachse, Trapez und Drachenviereck haben eine Symmetrieachse und Rechteck und Quadrat haben zwei Symmetrieachsen.

Seite 82 | Aufgabe 13

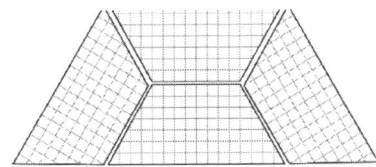

Seite 82 | Aufgabe 14

a) 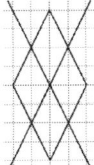 b) 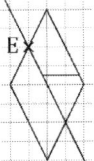 c)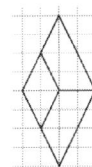

Seite 82 | Aufgabe 15

Das Papier wird an einer beliebigen Stelle gefaltet, damit eine gerade Linie entsteht. Auf dieser Linie werden zwei Punkte festgelegt, die Eckpunkte des Quadrats sind. Nun faltet man so, dass eine Faltlinie entsteht, die durch einen der Punkte verläuft und zu der ersten Faltlinie senkrecht ist. Danach faltet man das Papier so, dass beide Faltlinien aufeinander liegen und man überträgt den Eckpunkt auf die zweite Faltlinie. So kennt man drei Eckpunkte des Quadrats. Wiederholt man dies mit dem anderen Punkt, kennt man alle vier Eckpunkte des Quadrats.

Seite 82 | Aufgabe 16

a) Wenn ein Viereck symmetrisch zu einer Diagonalen ist, dann bedeutet dies, dass die beiden Eckpunkte der anderen Diagonalen gleich weit von der ersten Diagonalen entfernt sind. Damit wird die zweite Diagonale halbiert.

b) Die Aussage stimmt nicht allgemein. Ein Gegenbeispiel ist ein Parallelogramm. Hier halbiert eine Diagonale die andere. Jedoch ist ein Parallelogramm nicht achsensymmetrisch und somit auch nicht zu seiner Diagonalen symmetrisch.

Seite 82 | Aufgabe 17

a)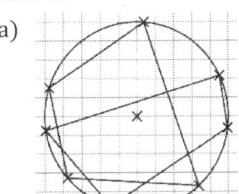

Gleichschenklige Trapeze, Rechtecke und Quadrate sind Sehnenvierecke.

b) Die Summe der Längen gegenüberliegender Seiten ist gleich.

c) Es gibt Sehnenvierecke, die keine Symmetrien aufweisen. Deswegen kann dazu keine allgemeine Aussage gemacht werden. Bei einem Tangentenviereck sind Teilvierecke, die aus einer Ecke, den Mittelpunkten der anliegenden Seiten und dem Kreismittelpunkt bestehen, sind achsensymmetrisch.

4 Winkelbetrachtungen an Figuren

4.1 Zusammenhänge an Geraden- und Doppelkreuzungen

Seite 87 | Einstieg
Alle anderen Straßen schneiden den Broadway (nahezu) im gleichen Winkel.

Seite 89 | Aufgabe 1
a) $\alpha = 55°$, da er der Nebenwinkel von dem 125°-Winkel ist. $\beta = 125°$, da er Scheitelwinkel zu dem 125°-Winkel ist.
b) $\beta = 35{,}6°$, da er Scheitelwinkel zum 35,6°-Winkel ist. $\alpha = 144{,}4°$, da er Nebenwinkel zu β ist.
c) $\alpha = 90°$ und $\beta = 90°$, da es jeweils Nebenwinkel vom 90°-Winkel sind.

Seite 89 | Aufgabe 2
a) $\beta = 130°$ (85; 104,7°; 67°; –) \hspace{2em} b) $\beta = 3\alpha$, $\beta + \alpha = 180°$, also $\alpha = 45°$
c) $\beta = 87°$ (93°), $\alpha = 93°$ (87°)
d) $\alpha = 101°$, da er Nebenwinkel von β ist. Der Scheitelwinkel von α ist so groß wie α, da Scheitelwinkel immer gleich groß sind.

Seite 89 | Aufgabe 3
Karlo hat nicht beachtet, dass sich alle Nebenwinkel zu 180° ergänzen, also $\alpha + \beta + 110° = 180°$. Richtig ist $\beta = 30°$. Also ist $\alpha = 40°$. Daraus folgt $\gamma = 40°$, da er Scheitelwinkel von α ist. Damit ergeben alle Winkel zusammen 360°.

Seite 89 | Aufgabe 4
a) $\alpha = 120°$, da an Doppelkreuzungen mit parallelen Geraden Wechselwinkel gleich groß sind.
b) $\delta = 70°$, da an Doppelkreuzungen mit parallelen Geraden Stufenwinkel gleich groß sind.
c) $\beta = 80°$, da es Stufenwinkel vom 80°-Winkel ist. α, β und der 40°-Winkel ergänzen sich zu 180°, also gilt:
$\alpha + \beta + 40° = \alpha + 80° + 40° = 180°$. Deswegen folgt: $\alpha = 60°$.

Seite 90 | Aufgabe 5
Anna muss sich vermessen haben. Denn der Stufenwinkel vom 85°-Winkel entspricht dem Nebenwinkel vom 100°-Winkel, muss also eine Größe von 80° haben.

Seite 90 | Aufgabe 6
Es gilt $\alpha = 55°$, da er Nebenwinkel vom 125°-Winkel ist. α und der 45°-Winkel sind Wechselwinkel. Da diese nicht gleich groß sind, liegen die Geraden g und h nicht parallel.

Seite 90 | Aufgabe 7
individuelle Lösungen

Seite 90 | Aufgabe 8
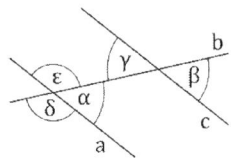

Seite 90 | Aufgabe 9
a) 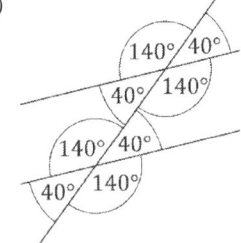 b) 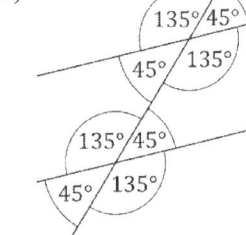 c)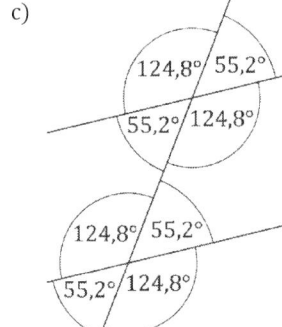

Nebenwinkel ergänzen sich zu 180°, Scheitelwinkel sowie Stufen- und Wechselwinkel an parallelen Geraden gleich groß.

Seite 90 | Aufgabe 10
Um zu überprüfen, ob ein Viereck ein Parallelogramm ist, kann Isa Winkel messen und vergleichen. Gegenüberliegende Innenwinkel müssen gleich groß sein und zwei benachbarte Winkel sich zu 180° ergänzen. Dann handelt es sich um ein Parallelogramm.

Seite 90 | Aufgabe 11
a) $\beta = 120°$, da er Wechselwinkel zum 120°-Winkel ist. $\alpha = 60°$, da er Nebenwinkel zu β ist. $\gamma = 70°$, da ein 70°-Winkel Nebenwinkel zum 110°-Winkel ist und γ Stufenwinkel zu diesem 70°-Winkel ist.
b) $\alpha = 125°$, da sich α aus den Stufenwinkeln von den 55°- und 70°-Winkeln zusammensetzt. $\beta = 235°$, da α und β sich zu 360° ergänzen.

Seite 91 | Aufgabe 12

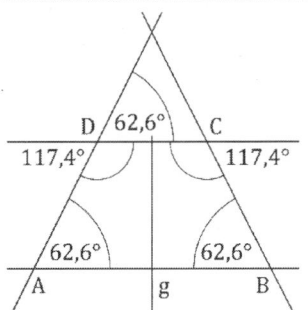

Da das Trapez achsensymmetrisch zur Symmetrieachse g ist, kann man die Winkel links von der Symmetrieachse nach rechts spiegeln. Der Winkel unten links im Trapez ergibt sich daraus, dass der Nebenwinkel vom 117,4°-Winkel ein 62,6°-Winkel ist. Dieser ist wiederum ein Stufenwinkel zum Innenwinkel bei A im Trapez. Deswegen ist der Winkel bei A ein 62,6°-Winkel.

Seite 91 | Aufgabe 13

a)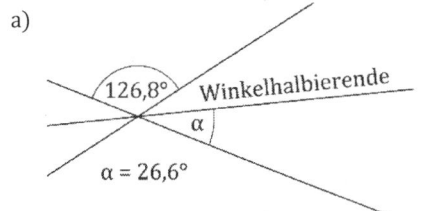

b)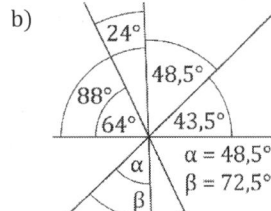

Seite 91 | Aufgabe 14

$\gamma = 65°$, da er ein Wechselwinkel zu α ist. α_2 ist ein Stufenwinkel zu α und deswegen gleich groß. $\beta = 115°$, da er ein Nebenwinkel zu α_2 ist. $\delta = 115°$, da er ein Wechselwinkel zu β ist.

Seite 91 | Aufgabe 15

Die beiden Winkel liegen nebeneinander an einer Doppelkreuzung, daher kommt die Bezeichnung „Nachbarwinkel". Da die drei Geraden ein wenig aussehen wie ein „E", werden sie auch als E-Winkel bezeichnet.
Vermutung: Nebenwinkel ergänzen sich zu 180°. Begründung: Der Nebenwinkel zu dem einen der Nachbarwinkel ist der Stufenwinkel des anderen. Stufenwinkel sind gleich groß, Nebenwinkel ergänzen sich zu 180°.

Seite 91 | Aufgabe 16

Es genügt nicht zwei Winkel zu kennen, die Scheitelwinkel oder Nebenwinkel voneinander sind. Auch dürfen die bekannten Winkel nicht Stufen- oder Wechselwinkel voneinander sein, denn dann fehlen Informationen über die anderen Winkel. Treffen diese Voraussetzungen zu, dann genügt es, wenn man zwei Winkel kennt, um alle anderen Winkel zu bestimmen.

Seite 91 | Aufgabe 17

Die linke Haushälfte entspricht der rechten Hälfte an der vertikalen Symmetrieachse gespiegelt. Es sind 8 verschieden große Winkel zu sehen.

Methode: Aussagen formulieren und beweisen

Seite 93 | Aufgabe 1

a) Wenn ein Viereck ABCD ein Parallelogramm ist, dann sind die Winkel ∢CBA und ∢ADC gleich groß.
Beweis: Man verlängert $\overline{AB}$ über B hinaus und $\overline{CD}$ über D hinaus. Sei α der Nebenwinkel zu ∢CBA und β der Nebenwinkel zu ∢ADC: ∢CBA = $180° - \alpha$, ∢ADC = $180° - \beta$. Dann gilt $\alpha = \beta$ (Wechselwinkel). Daraus folgt: ∢CBA = ∢ADC
b) Wenn ein Viereck ein Trapez mit $\overline{AB}||\overline{CD}$ ist, dann ergänzen sich die Innenwinkel an $\overline{AD}$ bzw. an $\overline{BC}$ jeweils zu 180°.
Beweis: Zeichne eine Senkrechte zu der Seite $\overline{AB}$ bzw. $\overline{CD}$. Dadurch entstehen zwei neue Vierecke, deren Innenwinkelsumme jeweils 360° beträgt. Im linken Viereck gibt es zwei Winkel mit 90° und die beiden Innenwinkel an $\overline{AD}$. Daraus folgt, dass die Innenwinkel an $\overline{AD}$ sich zu 180° ergänzen müssen. Das gleiche folgt für die Innenwinkel an $\overline{BC}$.

4.2 Winkelsumme im Dreieck und Vieleck

Seite 94 | Einstieg

Wie man am letzten Bild (Schritt 4) sehen kann, beträgt die Summe der Winkelm180°.

Seite 96 | Aufgabe 1

a) $\beta = 92,8°$
b) $\beta = 57,45°$
c) $\alpha = \gamma = 61,5°$
d) $\beta = 75°, \gamma = 55°$

Seite 96 | Aufgabe 2

a) Der dritte Winkel misst 39,5°
b) Diese Winkel gehören nicht zu einem Dreieck, da sie beide schon größer als 180° sind.
c) Die Winkel sind mit den Angaben 51°, 61° und 71° groß. Die Summe ergibt nicht 180°, die Winkel bilden kein Dreieck.
d) Jeder Winkel hat eine Größe von 60°.

e) Die beiden gleich großen Winkel haben eine Größe von 52,5°.
f) Winkel im Dreieck: 50°, 60°, 70°

Seite 96 | Aufgabe 3
$\alpha_1 = 70°, \alpha_2 = 110°, \beta_1 = 140°, \beta_2 = 40°, \beta_3 = 40°, \gamma_1 = 60°, \gamma_2 = 120°$

Seite 97 | Aufgabe 4
a) $\alpha = 70°$ b) $\gamma = 159,6°$ c) $\delta = 179°$ d) $\beta = 80°$

Seite 97 | Aufgabe 5
a) Alle Winkel sind 90° groß.
b) Die gleich großen Winkel haben eine Größe von 110°.
c) Der dritte Winkel beträgt 100°, der vierte Winkel hat eine Größe von 80°.

Seite 97 | Aufgabe 6
$\beta_1 = 38,2°, \beta_2 = 101,1°, \gamma_1 = 25,2°, \gamma_2 = 15,5°, \delta_1 = 38,2°, \delta_2 = 101,1°, \varepsilon = 126,3°, \eta = 126,3°, \mu = 53,7°$

Seite 97 | Aufgabe 7
Durch die Symmetrieachse durch die Eckpunkte A und C müssen die Winkel β und δ gleich groß sein. Die Innenwinkelsumme im Drachenviereck beträgt 360°. Deswegen folgt: $\beta = \delta = 110°$.

Seite 97 | Aufgabe 8
a)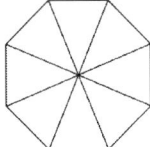

In einem Achteck beträgt die Winkelsumme 1080°. Das Achteck lässt sich in 8 Teildreiecke zerlegen, die jeweils eine Innenwinkelsumme von 180° haben. Von der Summe dieser Winkelsummen muss man 360° abziehen, da die Winkel in den mittigen Spitzen der Dreiecke nicht zur Winkelsumme des Achtecks beitragen.
b) Es wird die Formel $(n - 2) \cdot 180° = 1080°$ genutzt. Daraus folgt:
$(n - 2) = 1080° : 180° = 6$, also $n = 6 + 2 = 8$.
Das Vieleck hat acht Ecken.

Seite 97 | Aufgabe 9
a) Es tragen nicht alle Winkel der Teildreiecke zur Innenwinkelsumme des Fünfecks bei. Die Dreiecksspitzen in der Mitte des Fünfecks ergänzen sich zu 360°. Diese müssen von Mirjams Innenwinkelsumme abgezogen werden.
b) Formel: $n \cdot 180° - 360° = n \cdot 180° - 2 \cdot 180° = (n - 2) \cdot 180°$

Seite 97 | Aufgabe 10
a) $\alpha = 50°$, da der Winkel mit den benachbarten Winkeln der Größe 30° und 10° einen 90°-Winkel bildet. Der Winkel misst 90° wegen des Innenwinkelsatzes im Viereck.
$\beta = 40°$: Wegen der Innenwinkelsumme im Dreieck misst der Winkel unterhalb von β 80°, β ergänzt sich also mit 80° und 60° zu 180°.
$\gamma = 90°$, da das Dreieck mit den Winkeln α, β und γ eine Innenwinkelsumme von 180° hat.
b) $\beta = 112,21°, \varepsilon_2 = 54,7°$. Das Viereck BCDE ist ein Trapez. Die Winkel δ und ε_2 ergeben zusammen 180° (Nebenwinkel). Deswegen ist ε_2 ein 54,7°-Winkel. Das Fünfeck ABCDE hat eine Innenwinkelsumme von 540°, daraus folgt β.

Seite 98 | Aufgabe 11
a) $\delta = \beta = 120°, \alpha = \gamma = 60°$
b) $\delta = 180° - \alpha = 180° - 65° = 115°, \gamma = 180° - \beta = 180° - 130° = 50°$
c) $\delta = \alpha = 70°, \beta = \gamma = 110°$

Seite 98 | Aufgabe 12
(1) Beispiel:

(2) Beispiel:

(3) Nicht möglich, da die Innenwinkelsumme im Fünfeck 540° beträgt. Dann können nicht alle 5 Winkel kleiner als 90° sein.

(4) Nicht möglich, da die Innenwinkelsumme im Dreieck 180° beträgt. Deswegen kann ein Dreieck keinen überstumpfen Winkel haben, denn überstumpfe Winkel sind größer als 180°.

Beispiel:

Seite 98 | Aufgabe 13
Es gilt: $\alpha + \gamma_1 = 90°, \beta + \gamma_2 = 90°$ und $\gamma_1 + \gamma_2 = 90°$. Deswegen gilt: $\gamma_1 = 90° - \gamma_2$. Mit dem ersten Term ergibt sich: $\alpha + \gamma_1 = \alpha + 90° - \gamma_2 = 90°$, also $\alpha = \gamma_2$. Analog folgt: $\beta + \gamma_2 = \beta + 90° - \gamma_1 = 90°$, also $\beta = \gamma_1$.

Seite 99 | Aufgabe 14
In einem Parallelogramm gilt, dass gegenüberliegende Winkel gleich groß sind. Deswegen gilt für den Winkel α bei A: α = 130°. Daraus folgt für den Winkel unten links im mittleren Dreieck: 130° − 55° = 75°. Da die Innenwinkelsumme im Dreieck 180° beträgt, folgt für ε: ε = 180° − $β_1$ − 75° = 180° − 28° − 75° = 77°.

Seite 99 | Aufgabe 15
Die Innenwinkelsumme gilt auch für konkave Vielecke. Das grüne Fünfeck lässt sich in ein Dreieck und ein Viereck zerlegen, die Innenwinkelsumme beträgt dann 180° + 360° = 540° = (5 − 2) · 180°. Das blaue Sechseck lässt sich in zwei Vierecke zerlegen, die Innenwinkelsumme beträgt 360° + 360° = 720° = (6 − 2) · 180°.

Seite 99 | Aufgabe 16
a) α = 180° − 90° − 42° = 48° (Innenwinkelsumme im großen Dreieck), damit $\frac{α}{2}$ = 24°

Nebenwinkel δ' zu δ: δ' = 180° − 90° − 24° = 66°; (Innenwinkelsumme im Dreieck oben links), also δ = 180° − 66° = 114°

b) Der linke untere Winkel des großen Dreiecks ist ein Nebenwinkel zu 140° und misst damit 40°. Damit misst der rechte untere Winkel des Dreiecks 180° − 65° − 40° = 75°. Betrachtet man den gestreckten Winkel bei β, erhält man:
β = 180° − 55° − 75° = 50°.
Das Dreieck oben links hat die Winkel 40° (Wechselwinkel zum Ergänzungswinkel zu 140°), β + 75° = 50° + 75° = 125° (Wechselwinkel zur Kreuzung unten rechts) und einem Scheitelwinkel zu α. Damit folgt
α = 180° − 40° − 125° = 15°

c) α = 74°, denn das große Dreieck hat als Innenwinkel einen 32°-Winkel und zweimal den Winkel α.
β = 53°, denn das Dreieck oben hat als Innenwinkel den Winkel α und zweimal den Winkel β.
γ = 21°, denn in der Zeichnung ist ein Dreieck, das als Innenwinkel den 32°-Winkel, γ und den Nebenwinkel von β hat.

Seite 99 | Aufgabe 17
α und δ sind Nebenwinkel und es ist δ = 4α. Also: α + δ = 5α = 180°. Daraus folgt: α = 36°, δ = 4 · 36° = 144°.
γ = 54° ergibt sich aus der Innenwinkelsumme im Dreieck.

Seite 99 | Aufgabe 18
a) Anthony konstruiert jedes Mal von einem 120°-Winkel die Winkelhalbierende. Es ergeben sich also immer 60°-Winkel und damit an der nächsten Schnittstelle mit den Parallelen wieder 120°-Winkel, bei Halbierung durch die Winkelhalbierende 60°-Winkel. Das Muster ist also regelmäßig.

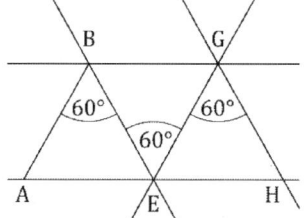

b) Startwinkel 50,3°:

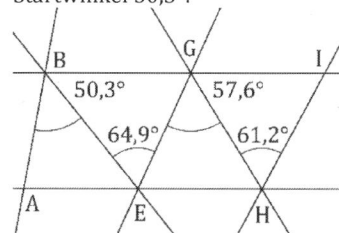

Bei verschiedenen Startwinkeln ist das Muster nicht mehr gleichmäßig.

Seite 99 | Aufgabe 19
(1)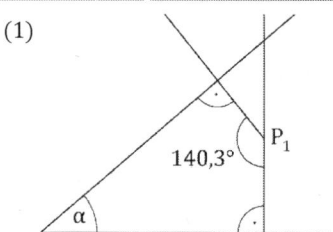

(2)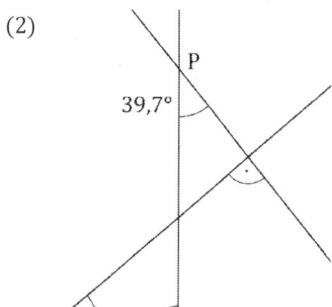

Befindet sich der Punkt P innerhalb des Winkelfeldes von α, so ist der Winkel β immer gleich groß, in diesem Fall ist β ein 140,3°-Winkel. Befindet sich P außerhalb des Winkelfeldes, so ist β immer gleich groß, in diesem Fall ist β ein 39,7°-Winkel. Die verschiedenen Winkelgrößen von β ergänzen sich zu 180°. Das ist so, weil die beiden Winkel Nebenwinkel zueinander sind.

Seite 100 | Aufgabe 20

a) Beispiel:

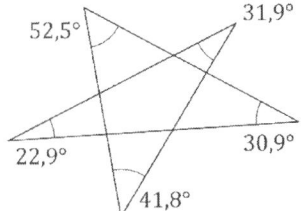

Vermutung:
Die Winkelsumme der fünf Winkel beträgt immer 180°.

b) Um den Stern kann man ein Fünfeck legen. Die Winkelsumme im Fünfeck beträgt 540°. Da neben jeder Spitze zwei Teile der Außenwinkel wegfallen, ergibt sich eine Winkelsumme von 540° : 3 = 180°.

Seite 100 | Aufgabe 21

a) Jeder Außenwinkel ist der Nebenwinkel eines Innenwinkels und Nebenwinkel ergänzen sich zu 180°. Da gilt $\alpha + \beta + \gamma = 180°$, folgt für die Außenwinkelsumme: $\alpha' + \beta' + \gamma' = (180° - \alpha) + (180° - \beta) + (180° - \gamma) = 540° - (\alpha + \beta + \gamma) = 360°$.
b) Die Außenwinkelsumme in einem n-Eck beträgt immer 360°. Innen- und Außenwinkel ergeben zusammen 180°. Da es n Ecken gibt, multipliziert man $n \cdot 180°$ und subtrahiert anschließend die Innenwinkelsumme:
$n \cdot 180° - (n - 2) \cdot 180° = 2 \cdot 180° = 360°$.

Seite 100 | Aufgabe 22

a) Die Diagonalen verbinden gegenüberliegende Eckpunkte und teilen das Dreieck in 6 gleich große gleichseitige Dreiecke mit der Kantenlänge a. In einem gleichseitigen Dreieck sind die Winkel gleich groß, deswegen gilt: $\alpha_2 = \alpha_3 = \alpha_4 = 60°$.
Der Winkel α_1 ist ebenfalls ein 60°-Winkel, da er der Nebenwinkel von zwei 60°-Winkeln ist.
b) Ein regelmäßiges Achteck lässt sich im Gegensatz zu einem regelmäßigen Sechseck nur in gleich große gleichschenklige und nicht in gleichseitige Dreiecke unterteilen. Regelmäßige Sechsecke lassen sich so aneinander reihen, dass vollständige Kanten verbunden sind.

Seite 100 | Aufgabe 23

a) Wäre die Summe der Winkel gleich 360°, lägen die Flächen in einer Ebene und es ergäbe sich keine Ecke. Auch bei mehr als 360° ist keine Ecke mehr möglich.
Es kann keinen platonischen Körpern aus regelmäßigen Sechsecken geben, da eine Ecke aus sechs gleichschenkligen Dreiecken bestehen würde und die Winkelsumme so nicht kleiner als 360° wäre.
b) individuelle Lösungen

5 Lineare Gleichungen

5.1 Durch Probieren und Überlegen zur Lösung

Seite 105 | Einstieg
Für n Quadrate braucht man $3n + 1$ Streichhölzer. Mit 40 Streichhölzern kann Julian also 13 Quadrate legen.

Seite 107 | Aufgabe 1
a) 4 ist eine Lösung der Gleichung.
b) 7,5 ist eine Lösung der Gleichung.
c) 3 ist eine Lösung der Gleichung.
d) 3 ist keine Lösung: $3 \cdot 3^{-1} + 1 = 3 \cdot \frac{1}{3} + 1 = 2$
e) 0,5 ist keine Lösung der Gleichung.
f) 2,5 ist eine Lösung der Gleichung.
g) 1,5 ist keine Lösung der Gleichung.
h) -1 ist keine Lösung der Gleichung.

Seite 107 | Aufgabe 2
a) $x = 4$
b) $x = -5$
c) $x = 3$
d) $x = 8$

Seite 107 | Aufgabe 3
Zwei Terme, die mit einem Gleichheitszeichen verbunden sind, bilden eine Gleichung. Tobis Aussage über die zweite Gleichung ist daher falsch, auch 5 ist ein Term und damit ist $3x + 1 = 5$ eine Gleichung.

Seite 108 | Aufgabe 4
a) $x = 3$
b) $x = 1$
c) $a = 1$
d) $x = 0{,}791$
e) $x = 1$
f) $c = 3$

Seite 108 | Aufgabe 5
Robert hat sich der Lösung durch Ausprobieren in einer Tabelle genähert. Da er mit $x = 2$ auf der linken Seite höher als auf der rechten Seite und mit $x = 3$ auf der linken Seite unter der linken Seite lag, konnte er die Lösung auf $2 < x < 3$ eingrenzen.

x	2x + 20	7x + 4	
2	24	21	links zu hoch
3	26	25	links zu hoch
4	28	32	rechts zu hoch
3,5	27	28,5	links zu hoch
3,2	26,4	26,4	Lösung: x = 3,2

Seite 108 | Aufgabe 6

x	2x + 1	x + 76	
100	201	176	
75	151	151	Lösung: x = 75

Die Differenz nimmt mit jeder Erhöhung von x um 1 um 1 ab. Da Die Differenz für $x = 0$ genau 75 beträgt, ist die Lösung $x = 75$.

Seite 108 | Aufgabe 7
a) $x = 4$
b) $x = -\frac{1}{3}$
c) $x = -4$
d) $x = 2$

Seite 108 | Aufgabe 8
a) Lege zuerst eine Variable fest.
   Stelle eine Gleichung auf.
   m: Anzahl der Mädchen in der Klasse
   2m: Anzahl der Jungen; $m + 2m = 30$
   $m = 10$: In der Klasse sind 10 Mädchen und 20 Jungen.
b) Die erste Gleichung ist richtig.
   $m = 2j$ beschreibt, dass doppelt so viele Mädchen wie Jungen in der Klasse sind, macht aber keine Aussage zur Gesamtzahl.
   $m + 0{,}5m = 30$ beschreibt, dass doppelt so viele Mädchen wie Jungen und insgesamt 30 Kinder in der Klasse sind.
   $j = 2m$ beschreibt, dass doppelt so viele Jungen wie Mädchen in der Klasse sind, macht aber keine Aussage zur Gesamtzahl.

Seite 109 | Aufgabe 9
a) (I) B stellt die korrekte Gleichung dar. Die Lösung ist $x = 950$: Kasimir muss noch 950 € sparen.
   (II) E stellt eine passende Gleichung dar. Die Lösung ist $x = 20$: Andrea muss 20 Monate sparen.
   (III) F stellt eine korrekte Gleichung dar. Die Lösung ist $x = 950$: Das Fahrrad hat 950 € gekostet.
b) Beispiele:
   G $1000 : x = 50$: Jasper hat 1000 € auf seinem Konto. Er hat 50 Monate lang gespart. Wie viele Euro waren das pro Monat?
   C $x : 50 = 1000$: 50 Gewinner einer Verlosung teilen sich einen Gewinn zu gleichen Teilen. Wie hoch ist der Gesamtgewinn?

Seite 109 | Aufgabe 10
In (I) hat Claudia diejenigen Gleichungen eingeordnet, in welchen die gesuchte Variable nur einmal vorkommt. In (II) stehen diejenigen, die die gesuchte Variable öfter als einmal enthalten.

I: $x + 12 = 10$ $x = -2$
   $3a + 1 = 9$ $a = \frac{8}{3}$
   $b^2 - 5 = 11$ $b = \sqrt{16} = 4$

II: $x + 8 = 3x$ $x = 4$
   $a^2 + a = 12$ $a = 3$
   $y \cdot (y + 2) = 143$ $y = 11$

Seite 109 | Aufgabe 11
Alle drei Lösungsansätze sind richtig. Thalia und Filiz erhalten für x die Anzahl der roten Äpfeln, Sophie die Anzahl der grünen.

Seite 109 | Aufgabe 12
x bezeichnet die Anzahl der Brezeln.
Ninas Aussage bedeutet: Es wurden x Brezeln und 3x Semmeln gekauft. Mesuts Aussage bedeutet: $3x - x = 18$.
$3x - x = 18 \Leftrightarrow 2x = 18 \Leftrightarrow x = 9$: Es wurden 9 Brezeln und 27 Semmeln gekauft.

Seite 109 | Aufgabe 13
a) $x + 8 = 2x; x = 8$
b) $4a = 0,5 (a + 42); a = 6$
c) $a (a + 2) = a^2 + 8; a = 4$

Seite 110 | Aufgabe 14
Es entstehen zwei gleich große Dreiecke, deren Flächeninhalt jeweils $\frac{1}{2} \cdot 8\,m \cdot (8\,m - x) = 20\,m^2$ beträgt.

$\frac{1}{2} \cdot 8\,m \cdot (8\,m - x) \;= 20\,m^2$
$4\,m \cdot (8\,m - x) \;= 20\,m^2$
$8\,m - x \;= 5\,m$
$x \;= 3\,m$

Seite 110 | Aufgabe 15
a) $3x - 2 = 13$ oder $3x - 8 = 7$ für $x = 5$
b) $-12 + 7x = -50,5$ oder $65 + 7x = 26,5$ für $x = -5,5$
c) $\frac{1}{2}x - 17 = 8 - \frac{1}{3}x$ oder $\frac{1}{2}x - 12 = 13 - \frac{1}{3}x$ für $x = 30$
d) $\frac{7}{2}(x - 0) = 3,5x$ für $x = -3$

Seite 110 | Aufgabe 16
individuelle Lösungen, Beispiele:
a) $x(x + 1) = 6$
b) $x^2 = 49$
c) $x \cdot \frac{7}{2} = 1$
d) $x = x$

Seite 110 | Aufgabe 17
① Es gibt doppelt so viele Schwimmer wie Nichtschwimmer.
② Es gibt zwei Schwimmer mehr als Nichtschwimmer.
③ Es gibt zwei Nichtschwimmer mehr als Schwimmer.
④ Es gibt halb so viele Schwimmer wie Nichtschwimmer.
⑤ Es gibt weniger Schwimmer als Nichtschwimmer.
⑥ Es gibt mindestens so viele Schwimmer wie Nichtschwimmer.
⑦ Die Anzahl der Schwimmern beträgt die Hälfte der Schwimmern und Nichtschwimmern zusammengezählt.
⑧ Die Anzahl der Schwimmer ist kleiner als die dreifache Anzahl an Nichtschwimmern.

Seite 110 | Aufgabe 18
$1\,l = 1000\,cm^3 = x \cdot y \cdot z = x^2 \cdot z$, da $x = y$ (Quadrat). Oberfläche: $O = 2xy + 2xz + 2yz = 2x^2 + 4xz$

x = y	z	Oberfläche O
5	40	850 cm²
10	10	600 cm²
15	4,44	716,67 cm²

Der quaderförmige Tetrapack hat die geringste Oberfläche, wenn alle Kanten gleich lang sind ($x = y = z = 10\,cm$).

Seite 110 | Aufgabe 19
a: Anzahl der Tore, die Felix erzielt hat. b: Anzahl der Tore, die Hendrik erzielt hat. c: Anzahl der Tore, die Antonio erzielt hat.

$a = 2b \Leftrightarrow b = \frac{a}{2}$ $\quad a = c + 5 \Leftrightarrow c = a - 5$ $\quad a + b + c = 40$

Setzt man die ersten beiden Gleichungen in die dritte ein, erhält man:

$a + \frac{a}{2} + a - 5 \;= 40$
$2,5a \;= 45$
$a \;= 18$:   Felix hat 18 Tore geschossen.

$b = \frac{a}{2} = \frac{18}{2} = 9$: Hendrik hat 9 Tore geschossen. $\quad\quad c = a - 5 = 18 - 5 = 13$: Antonio hat 13 Tore geschossen.

Seite 110 | Aufgabe 20
a) Maße DIN-A4: 210mm x 297mm, Würfelnetz:

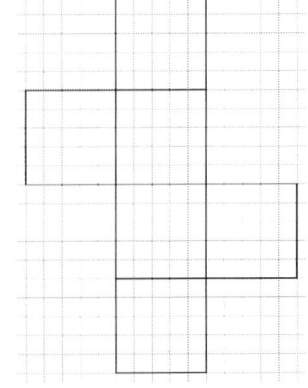

In die Breite (210 mm) muss die Kantenlänge dreimal passen, also ist die maximale Länge 70 mm.
In die Höhe (297 mm) muss die Kantenlänge viermal passen, also ist die maximale Länge 74,25 mm.
Da 70 mm < 74,25 mm ist 70 mm = 7 cm das maximale Maß für eine Würfelkante auf einem DIN-A4-Blatt. Das Volumen beträgt folglich $V = (7\,cm)^3 = 343\,cm^3$

b) Maße DIN A3: 297 mm x 420 mm
   Maximale Kantenlänge Breite: $\frac{297\,mm}{3} = 99$ mm; maximale Kantenlänge Höhe: $\frac{420\,mm}{4} = 105$ mm, also 99 mm = 9,9 cm.
   Volumen: V = (9,9 cm)³ = 970,3 cm³
c) Die Oberfläche des Würfels beträgt O = 29,7 cm · 42 cm = 1247,4 cm².
   Eine Seitenfläche hat die Oberfläche A = $\frac{1247,4\,cm^2}{6}$ = 207,9 cm².
   Die Kantenlänge des Würfels beträgt K = $\sqrt{207,9\,cm^2}$ = 14,42 cm.
   Das Volumen des Würfels beträgt folglich V = (14,42 cm)³ = 2998,44 cm³
   Formel für das Volumen eines Würfels, dessen Oberfläche bekannt ist: V = $\sqrt{\frac{Oberfläche}{6}}^3$.

5.2 Mit Kalkül zur Lösung

Seite 111 | Einstieg
Schachtel + 14 = 3 Schachteln + 6, also 4 Hölzer pro Schachtel.

Seite 115 | Aufgabe 1
Die Masse der blauen Gewichte ist bekannt. Nun wird so lange auf beiden Seiten der Waage gleich viel Gewicht entfernt, bis nur noch eine grüne Dose übrig ist. Die auf der rechten Seite verbliebenen blauen Gewichte entsprechen nun dem Gewicht der Dose.

$$\begin{aligned}
4x + 5 &= 2x + 11 &&| -2x \\
2x + 5 &= 11 &&| -5 \\
2x &= 6 &&| :2 \\
x &= 3
\end{aligned}$$

Seite 115 | Aufgabe 2
x entspricht der Anzahl der Münzen in einer Schachtel.

$$\begin{aligned}
5x + 3 &= 2x + 12 &&| -2x \\
3x + 3 &= 12 &&| -3 \\
3x &= 9 &&| :3 \\
x &= 3
\end{aligned}$$

In einer Schachtel befinden sich drei Münzen.

Seite 115 | Aufgabe 3

a) $\begin{aligned}2x + 47 &= 81 + x &&| -x \\ x + 47 &= 81 &&| -47 \\ x &= 34\end{aligned}$

b) $\begin{aligned}2z + 4,5 &= 23 + z &&| -z \\ z + 4,5 &= 23 &&| -4,5 \\ z &= 18,5\end{aligned}$

c) $\begin{aligned}x - 12 &= 51 - x &&| +x \\ 2x - 12 &= 51 &&| +12 \\ 2x &= 63 &&| :2 \\ x &= 31,5\end{aligned}$

d) $\begin{aligned}30 - 3y &= 12 - 4y &&| +4y \\ 30 + y &= 12 &&| -30 \\ y &= -18\end{aligned}$

e) $\begin{aligned}\tfrac{2}{3} + \tfrac{1}{2}x &= \tfrac{8}{9} &&| -\tfrac{2}{3} \\ \tfrac{1}{2}x &= \tfrac{2}{9} &&| \cdot 2 \\ x &= \tfrac{4}{9}\end{aligned}$

f) $\begin{aligned}10x - 3,7 &= -5x - 1,3 &&| +5x \\ 15x - 3,7 &= -1,3 &&| +3,7 \\ 15x &= 2,4 &&| :15 \\ x &= 0,16\end{aligned}$

g) $\begin{aligned}\tfrac{3}{4}x + 5,25 &= 8 - 7,25x &&| +7,25x \\ 8x + 5,25 &= 8 &&| -5,25 \\ 8x &= 2,75 &&| :8 \\ x &= \tfrac{11}{32}\end{aligned}$

h) $\begin{aligned}-\tfrac{2}{3} - \tfrac{1}{2}x &= \tfrac{8}{9} + \tfrac{1}{2}x &&| +\tfrac{1}{2}x \\ -\tfrac{2}{3} &= \tfrac{8}{9} + x &&| -\tfrac{8}{9} \\ -\tfrac{14}{9} &= x\end{aligned}$

Seite 115 | Aufgabe 4

a) $\begin{aligned}8x - 3 &= 3x + 12 &&| -3x \\ 5x - 3 &= 12 &&| +3 \\ 5x &= 15 &&| :5 \\ x &= 3\end{aligned}$

b) $\begin{aligned}-3x + 5 &= -2x &&| +2x \\ -x + 5 &= 0 &&| -5 \\ -x &= -5 &&| \cdot (-1) \\ x &= 5\end{aligned}$

c) $\begin{aligned}\tfrac{1}{3}(-5x + 4) &= 8 &&| \cdot 3 \\ -5x + 4 &= 24 &&| -4 \\ -5x &= 20 &&| :(-5) \\ x &= -4\end{aligned}$

d) $\begin{aligned}x - 3,5 &= 2\tfrac{1}{2} + 3x &&| -x \\ -3,5 &= 2,5 + 2x &&| -2,5 \\ -6 &= 2x &&| :2 \\ -3 &= x\end{aligned}$

Seite 115 | Aufgabe 5

a) x = 3
b) y = −2
c) t = −1
d) x = 5
e) z = $\tfrac{1}{3}$
f) x = −14
g) x = 8
h) x = 0
i) x = 3
j) x = 4

Lösungswort: downloaden

Seite 116 | Aufgabe 6
Aarons Äquivalenzumformung ist zielführend. Die nächste Zeile lautet bei ihm x = 6. Nicks Äquivalenzumformung hingegen ist nicht zielführend. Bei ihm lautet die nächste Zeile 6x – 6 = 30. Diese Umformung bringt ihn der Lösung nicht näher.

Seite 116 | Aufgabe 7
a) Jeli hat so umgeformt, dass x nur noch auf der rechten Seite vorkommt und hier auch ein positives Vorzeichen trägt. Das positive Vorzeichen erleichtert das Weiterrechnen. Pia hat einen ähnlichen Weg gewählt. Sie formt zuerst so um, dass alle x auf der linken Seite sind und rechnet anschließend weiter. Zoe wählt als ersten Schritt das Multiplizieren mit zehn. Dadurch vermeidet sie das Rechnen mit Dezimalzahlen.

b) Welchen Weg man wählt ist allgemein Geschmackssache. Jedoch vereinfacht Zoes Weg das Rechnen und verhindert dadurch mögliche Rechenfehler, die beim Rechnen mit Dezimalzahlen entstehen können.

Seite 116 | Aufgabe 8
a) $\frac{x}{2} - 2 = 3x$ | $- 0{,}5x$
  $-2 = 2{,}5x$ | $: 2{,}5$
  $-0{,}8 = x$

b) $2(x - 3) + 10 = 3x$ | $- 2x$
  $4 = x$

c) $5x + x - 3 = x + x + 1$ | $-2x$
  $4x - 3 = 1$ | $+ 3$
  $4x = 4$ | $: 4$
  $x = 1$

Seite 116 | Aufgabe 9
a) Die ersten beiden Gleichungen sind äquivalent.
  $x - 5 = 8$ | $+ 5$
  $x = 8 + 5$ | $- 8$
  $x - 8 = 5$

b) Die ersten beiden Gleichungen sind äquivalent.
  $13 - x = 3 + x$ | $+ 1$
  $14 - x = 4 + x$

c) Die ersten beiden Gleichungen sind äquivalent.
  $3 - x = -25$ | $+ x$
  $3 = x - 25$

Seite 116 | Aufgabe 10
Beispiele:
a) $x - 5 = -2$; $-x + 3 = 0$; $2x - 3 = x$
b) $x - 2 = 2$; $x - 4 = 0$; $2x + 4 = 8 + x$
c) $6x = 8$; $5x - 3 = 5 - x$; $12x - 6 = 10$

Seite 116 | Aufgabe 11
Sophie hat Recht. Ihr Rechenweg ist korrekt. Da am Ende eine falsche Gleichung entsteht, gibt es kein x, das die Gleichung löst.

Seite 116 | Aufgabe 12
I $0 = x\left(x - \frac{7}{2}\right)$: $L = \{0; 3{,}5\}$
II $x^3 + 7 = -209$: $L = \{-6\}$
III $4x - 5 = 19 - 2x$: $L = \{4\}$
IV $(x + 3)^2 = 121$: $L = \{-14; 8\}$
V $2(x - 4) = -8 + 2x$: $L = \mathbb{Q}$
VI $-8 = |2x - 6|$: $L = \{\}$

Gleichung V ist allgemeingültig. Gleichung VI ist unlösbar.

Seite 116 | Aufgabe 13
a) $\square = -x + a$; $a \neq -5$
b) $\square = \mathbb{R}$
c) $\square = -x - 5$

Seite 117 | Aufgabe 14
a) $11{,}20\,€ + x \cdot 6{,}70\,€ = 30\,€$ | $- 11{,}20\,€$
  $x \cdot 6{,}70\,€ = 18{,}80\,€$ | $: 6{,}70\,€$
  $x = 2{,}81$

Olivia kann zusätzlich zur ersten Stunde zwei weitere Stunden bezahlen. Sie kann insgesamt drei Stunden paddeln.

b) $11{,}20\,€ + x \cdot 6{,}70\,€ = 30\,€ - 6{,}50\,€$
  $11{,}20\,€ + x \cdot 6{,}70\,€ = 23{,}50\,€$

Seite 117 | Aufgabe 15
a: Länge der kürzeren Seite: $2(a + 9) + 2a = 90$ cm oder $4a + 18 = 90$ cm, also $a = 18$ cm

Seite 117 | Aufgabe 16
a) Die Winkelsumme im Dreieck beträgt 180 Grad. $72° + \alpha + 2\alpha = 180° \Leftrightarrow \alpha = 36°$

b) $\alpha + 2\alpha + 3(2\alpha) = 180°$
  $9\alpha = 180°$
  $\alpha = 20°$; $\beta = 40°$; $\gamma = 120°$

c) $\alpha + (\alpha + 55°) + (\alpha + \alpha + 55°) - 110° = 180°$
  $4\alpha = 180°$
  $\alpha = 45°$; $\beta = 100°$; $\gamma = 35°$

Seite 117 | Aufgabe 17
a)

Piete	Pietes Mutter	Altersverhältnis
13	39	$\frac{39}{13} = 3$
17	43	2,53
25	51	2,04
26	52	2

b) $\frac{39+x}{13+x} = 2$ | $\cdot (13 + x)$
  $39 + x = 26 + 2x$ | $- x$
  $39 = 26 + x$ | $- 26$
  $13 = x$

Nach 13 Jahren ist die Mutter nur noch doppelt so alt.

c) Der Altersunterschied von Piete und seiner Mutter beträgt 26 Jahre, egal wie viele Jahre vergehen. Daher muss Piete 26 Jahre alt sein, um halb so alt wie seine Mutter zu sein. Da Piete im Moment 13 Jahre alt ist, müssen daher 13 Jahre vergehen.

Seite 117 | Aufgabe 18
a) L = {-2}   b) L = ℚ   c) L = {1}   d) L = {}   e) L = {}   f) L = ℚ

Seite 117 | Aufgabe 19
José vereinfacht die gesamte Rechnung durch seine erste Umformung. Er darf so vorgehen, da es sich bei seiner Rechnung um eine Äquivalenzumformung handelt. Alle Zahlen in der ersten Zeile sind durch 7 teilbar. Daher bietet sich das Teilen durch 7 an.

Seite 118 | Aufgabe 20
a) teilen durch 3   b) $-1; +0{,}5x; \cdot (-1)$ c) multiplizieren mit 30; +20

Seite 118 | Aufgabe 21
a) Auf der linken Seite wurde durch zwei geteilt, auf der rechten Seite zwei subtrahiert.
$$2x = 18 \quad |:2$$
$$x = 9; \quad L = \{9\}$$
b) Es wurde vergessen die „12" ebenfalls durch drei zu teilen.
$$3x + 12 = 18 \quad |:3$$
$$x + 4 = 6 \quad |-4$$
$$x = 2; \quad L = \{2\}$$
c) Die Rechnung ist korrekt. Die Lösungsmenge hingegen nicht. L = ℚ

Seite 118 | Aufgabe 22
a) $5x - 24 = 30x + 4$
Durch das Multiplizieren mit 6 erhält man die Gleichung ohne Brüche und kann nun mit ganzen Zahlen weiterrechnen.

b) I: $\frac{7}{2}x + 8 = \frac{3}{4}(32 - 2x) \quad | \cdot 4$
$14x + 32 = 3(32 - 2x) \quad | +6x; -32$
$20x = 64 \quad |:20$
$x = 3{,}2$

II: $\frac{3}{5}\left(\frac{2}{3}x - 1\right) = \frac{3}{10}x + \frac{1}{10} \quad | \cdot 10$
$6\left(\frac{2}{3}x - 1\right) = 3x + 10 \quad |-3x; +6$
$x = 16$

III: $\frac{1}{6}\left(\frac{3}{2}x - 8\right) = -\frac{1}{4}\left(x + \frac{13}{3}\right) \quad | \cdot 12$
$2\left(\frac{3}{2}x - 8\right) = -3\left(x + \frac{12}{3}x\right) \quad | +3x$
$6x - 16 = -13 \quad | +16; :6$
$x = 0{,}5$

Seite 118 | Aufgabe 23
$\alpha = 1{,}4(\beta + \gamma) = 0{,}8(\gamma + 80° + \gamma); \beta = \gamma + 80°$
$1{,}4(\gamma + 80° + \gamma) + \gamma + 80° + \gamma = 180°$
$2{,}8\gamma + 112° + 2\gamma + 80° = 180° \quad |-192°$
$5{,}8\gamma = -12°$
Die Größe der Winkel kann keinen negativen Wert annehmen.

Seite 118 | Aufgabe 24
Gelbes Feld: a) $x = 12$ b) $x = 8$ c) $x = 8$ d) $x = 0$ e) unlösbar   f) $x = -\frac{1}{6}$
Grünes Feld: a) unlösbar   b) x beliebig   c) $x = -5$ d) $x = -4$ e) $x = -3$
Rotes Feld: a) $x = -\frac{1}{3}$ b) $x = 9$ c) $x = 0$ d) unlösbar   e) $x = 0$ f) unlösbar
Blaues Feld: a) $x = 1$ b) $x = -\frac{4}{3}$ c) $x = -5$

Seite 119 | Aufgabe 25
a) x steht in Lias Rechnung für die Anzahl der Autos. Pro Auto werden 4 Reifen gewechselt. Die Anzahl der Motorräder beträgt 16 - x. Pro Motorrad werden 2 Reifen gewechselt. $x = 2$
b) Pro Fahrzeug werden auf jeden Fall zwei Reifen gewechselt. Die Reifen, die darüber hinaus gewechselt wurden, stammen paarweise von einem Auto. 4 : 2 = 2. Es wurden bei 2 Autos die Reifen gewechselt und folglich bei 16 - 2 = 14 Motorrädern.

Seite 119 | Aufgabe 26
a) $x \cdot (x - 3) = 0$ für $x_1 = 0$ oder $x_2 - 3 = 0 \Leftrightarrow x_2 = 3$
b) $4x^2 - 12x = 0 \Leftrightarrow 4x \cdot (x - 3) = 0$ für $x_1 = 0$ und $x_2 = 3$
$\frac{2}{3}x^2 - \frac{5}{6}x = 0 \Leftrightarrow \frac{1}{6}x \cdot (4x - 5) = 0$ für $x_1 = 0$ und $x_2 = \frac{5}{4}$
$x^3 - 7{,}5x^2 = 0 \Leftrightarrow x^2 \cdot (x - 7{,}5) = 0$ für $x_1 = 0$ und $x_2 = 7{,}5$
$0{,}4x^2 - \frac{1}{5}x = 0 \Leftrightarrow \frac{1}{5}x \cdot (2x - 1) = 0$ für $x_1 = 0$ und $x_2 = 0{,}5$
c) Durch x zu teilen ist keine Äquivalenzumformung. Die Lösung $x = 0$ würde hierbei verloren gehen.

Seite 119 | Aufgabe 27
a) Äquivalenzumformung
b) keine Äquivalenzumformung, Gegenbeispiel:
$2x + 5 = 2x + 6 \quad | \cdot 0$
$0 = 0$; L = ℚ ist falsch!
Die richtige Lösungsmenge lautet L = {}.
c) Äquivalenzumformung für $x \neq 2$
d) Äquivalenzumformung
e) Äquivalenzumformung
f) keine Äquivalenzumformung, Gegenbeispiel:
$x = 4 \quad |^2$
$x^2 = 16$; L = {−4; 4} ist falsch!
Die richtige Lösungsmenge lautet L = {4}.

Lösungen Fokus Mathematik 7

Seite 119 | Aufgabe 28

a) $\frac{2 \cdot 100 + 2,5 \cdot 35}{4,5} = 63,89$ Die Endtemperatur beträgt 63,89 °C

b) $\frac{2 \cdot 100 + x \cdot 35}{2 + x} = 60$ $| \cdot (2 + x)$

   $200 + 35x = 120 + 60x$ $| - 120$
   $80 + 35x = 60x$ $| - 35x$
   $80 = 25x$ $| : 25$
   $3,2 = x$ Man benötigt 3,2 Liter vom 35°C warmen Wasser.

Seite 119 | Aufgabe 29

$0,25 \cdot (1\,m + x + 2\,m) \cdot 6\,m \cdot y = 3,5\,m \cdot x \cdot y$ $| : y$
$0,25 \cdot 3\,m \cdot 6\,m + 1,5\,m \cdot x = 3,5\,m \cdot x$ $| - 1,5\,m \cdot x$
$4,5\,m^2 = 2\,m \cdot x$ $| : 2\,m$
$2,25\,m = x$

Die Maße des Rechtecks betragen 2,25 m auf 3,5 m.

Seite 119 | Aufgabe 30

a) $11,2\,m^2 = 2\,m \cdot (2x + x - 1\,m)$
   $11,2\,m^2 = 6\,m \cdot x - 2\,m^2$ $| + 2\,m^2$
   $13,2\,m^2 = 6\,m \cdot x$ $| : 6\,m$
   $2,2\,m = x$

b) $17\,dm^2 = 0,5 \cdot 8\,dm \cdot (x + 2x + 2\,dm)$
   $17\,dm^2 = 12\,dm \cdot x + 8\,dm^2$ $| - 8\,dm^2$
   $9\,dm^2 = 12\,dm \cdot x$ $| : 12\,dm$
   $0,75 = x$

c) $36\,m = 2 \cdot 2x + 2 \cdot (x + 3,3\,m)$
   $36\,m = 4x + 2x + 6,6\,m$ $| - 6,6\,m$
   $29,4\,m = 6x$ $| : 6$
   $4,9\,m = x$

Seite 120 | Aufgabe 31

a) Unter der Annahme, dass sich die Fläche des Bundesstaats aus einem Rechteck und einem Dreieck zusammensetzt, lässt sich die Strecke x folgendermaßen berechnen:

$500\,km \cdot 340\,km + 0,5 \cdot 500\,km \cdot (x - 340\,km) = 290\,000\,km^2$
$170\,000\,km^2 + 250\,km \cdot x - 85\,000\,km^2 = 290\,000\,km^2$ $| - 85\,000\,km^2$
$250\,km \cdot x = 205\,000\,km^2$ $| : 250\,km$
$x = 820\,km$

b) Ein sinnvoller Maßstab beträgt 1 cm = 100 km. Es ergibt sich für die vierte Grenze eine Länge von etwa 8,3 cm, also 830 km.

Seite 120 | Aufgabe 32

a) $23\,cm - 1\,cm \cdot x = 9\,cm - 0,03\,cm \cdot x$ $| + 1\,cm \cdot x$
   $23\,cm = 9\,cm + 0,97\,cm \cdot x$ $| - 9\,cm$
   $14\,cm = 0,97\,cm \cdot x$ $| : 0,97\,cm$
   $14,43 = x$

Die beiden Kerzen sind nach circa 14 Stunden und 26 Minuten gleich groß.

b) Die mittelgroße und die kleinste Kerze sind zu keinem Zeitpunkt gleich groß. Das negative Ergebnis erhält Aydin, da sich die beiden Funktionen, die die Größen der Kerzen beschreiben, für negative x schneiden. Zu diesem Zeitpunkt sind beide Kerzen bereits abgebrannt, daher ergeben nur positive Ergebnisse in diesem Zusammenhang Sinn.

Seite 120 | Aufgabe 33

$4x + 7,2\,cm = 2(x \cdot 1,1) + 2(x - 3\,cm)$ $| - 4x$
$7,2\,cm = 0,2x - 6\,cm$ $| + 6\,cm$
$13,2\,cm = 0,2x$ $| : 0,2$
$66\,cm = x$

Die Seitenlänge des Quadrats beträgt 66 cm.

Seite 120 | Aufgabe 34

$155\,€ + 95\,€ \cdot x = 140\,€ + 100\,€ \cdot x$ $| - 95\,€ \cdot x$
$155\,€ = 140\,€ + 5\,€ \cdot x$ $| - 140\,€$
$15\,€ = 5\,€ \cdot x$ $| : 5\,€$
$3 = x$

Möchte Familie Lehn maximal zwei Nächte an die Ostsee, ist das FH Meeeresblick günstiger. Dauert der Urlaub jedoch länger als drei Nächte, ist für Familie Lehn das FH an der Düne günstiger.

Seite 120 | Aufgabe 35

Die Gleichung ist lösbar. Die Umformung $:(2x - 5)$ im letzten Schritt ist keine Äquivalenzumformung, da $x = 2,5$ ist und damit gilt $2x - 5 = 0$.

$6x + 55 = 22x + 15$ $| - 15; - 6x$
$40 = 16x$ $| : 16$
$2,5 = x$

Seite 120 | Aufgabe 36

a) $x = -\frac{4,5}{a}$ b) $x = 3$

6 Prozentrechnung und Daten

6.1 Vertiefung der Prozentrechnung

Seite 126 | Einstieg

Um wie viel Prozent ist Max schwerer als Moritz: $\frac{56}{48} \approx 1{,}17$, also 117 %;

Um wie viel Prozent ist Max leichter als Moritz: $\frac{48}{56} \approx 0{,}86$, also 86 %

Seite 128 | Aufgabe 1

Prozentsatz	Grundwert	Prozentwert
114 %	770	877,8
88 %	170	149,6
82,6 %	345	285
240 %	150	360
159,6 %	520	830

Seite 128 | Aufgabe 2

Anna hat zuerst den Differenzbetrag zum letzten Jahr berechnet, bevor sie diesen zu dem letztjährigen Gewinn addiert hat.
Leyla hat direkt den Grundwert mit dem Prozentsatz des diesjährigen Gewinns multipliziert.

Seite 128 | Aufgabe 3

a) ① Das untere Fragezeichen entspricht 7410. Das obere Fragezeichen steht für 14 %.
   Beispielaufgabe: Im letzten Jahr besuchten 6500 Jugendliche das Gymnasium. Dieses Jahr sind es 910 Jugendliche mehr.
   ② Im blauen Feld steht 754, im weißen 272.
   Beispielaufgabe: Letztes Jahr hat Simon 754 € gespart, dieses Jahr waren es 36 % mehr.
b) individuelle Lösungen

Seite 128 | Aufgabe 4

a) Er wundert sich, weil das Ergebnis größer als 1 ist. Da Lola jedoch leichter als Assam ist, muss das Ergebnis kleiner als 1 sein.
b) Assam ist 43 % schwerer als Lola. Dies hat Christian mit seiner Aufgabe berechnet. Möchte man jedoch die ursprüngliche Aufgabenstellung lösen, muss man Nenner und Zähler tauschen:
   $\frac{1{,}4}{2} = 0{,}7$: Lola ist 30 % leichter als Assam.

Seite 128 | Aufgabe 5

Grundwert $= 4$, Prozentwert $= 5$; Prozentsatz $= \frac{5}{4} = 1{,}25$. Die Aussage ist nicht korrekt. Man erhält sogar 25 % mehr zum gleichen Preis.

Seite 129 | Aufgabe 6

a) $\frac{1{,}45\text{m}}{1{,}30\text{m}} = 1{,}1154$ bzw. $\frac{1{,}45\text{m}}{0{,}85\text{m}} = 1{,}7059$.
   Kilian ist 11,54 % größer als Klara und 70,59 % größer als Julia.
b) $1 - \frac{0{,}85\text{m}}{1{,}30\text{m}} = 1 - 0{,}6538 = 0{,}3462$ bzw. $1 - \frac{0{,}85\text{m}}{1{,}45\text{m}} = 1 - 0{,}5862 = 0{,}4138$.
   Julia ist 34,63 % kleiner als Klara und 41,38 % kleiner als Kilian.
c) $1 - \frac{1}{1{,}2} = 1 - 0{,}8333 = 0{,}1667$. Kilian ist 16,67 % kleiner als seine Mutter.

Seite 129 | Aufgabe 7

a) Bei einer Veränderung um einen gewissen Prozentsatz ist die relative Veränderung gegeben und der Prozentwert wird mit $1 \pm$ Prozentsatz berechnet (+ bei einer Zunahme/ − bei einer Abnahme).
   Beispiel: 240 nimmt um 40 % ab: $240 \cdot 0{,}6 = 144$.
   Liegt jedoch eine Veränderung auf einen Prozentsatz vor, kann direkt mit diesem Wert multipliziert werden.
   Beispiel: 240 nimmt auf 140 % zu: $240 \cdot 1{,}4 = 336$.
b) Verändert sich ein Wert auf 50 % oder nimmt er um 50 % ab, ist der Prozentsatz derselbe.

Seite 129 | Aufgabe 8

a) $\frac{37{,}4\text{ kg}}{23{,}6\text{ kg}} = 1{,}5847$: Der Plastikmüll in Deutschland ist um 58,47 % höher als in Schweden.
   $1 - \frac{23{,}6\text{ kg}}{37{,}4\text{ kg}} = 1 - 0{,}6310 = 0{,}3690$: Der Plastikmüll in Schweden ist um 36,9 % niedriger als in Deutschland.
b) $\frac{37{,}4\text{ kg}}{1{,}29} = 28{,}99$ kg
c) In Deutschland entstehen mehr Kilogramm Plastikverpackungsabfall je Einwohner als in Italien. Jedoch ist der Recyclinganteil in Deutschland höher als Italien. Maria könnte sich auf eben diesen Anteil mit ihrer Aussage bezogen haben.
d) individuelle Lösungen

Seite 129 | Aufgabe 9
Es ist nicht wieder alles beim alten: Die Aktien haben nun noch einen Wert von 75 % des alten Werts. $100\% \cdot 0{,}5 \cdot 1{,}5 = 75\%$.

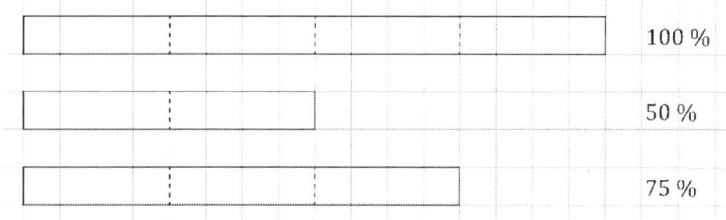

Seite 129 | Aufgabe 10
a) $450\ € \cdot 0{,}88 \cdot 0{,}98 = 388{,}08\ €$: Kati muss für den Laptop 388,08 € bezahlen.
b) $1 - \frac{314\ €}{388{,}08\ €} = 1 - 0{,}8091 = 0{,}1909$. Kathi müsste einen weiteren prozentualen Preisnachlass von 19,09 % verhandeln.

Seite 130 | Aufgabe 11
$419\ € \cdot 0{,}95 \cdot 0{,}93 \cdot 0{,}97 = 359{,}08\ €$: Stefan bezahlt noch 359,08 €

Seite 130 | Aufgabe 12
$x \cdot 1{,}1 \cdot 1{,}05 \cdot 1{,}02 = 39{,}50\ €$ | : 1,1781
$x \phantom{\cdot 1{,}1 \cdot 1{,}05 \cdot 1{,}02} = 33{,}53\ €$
Das Spiel kostete ursprünglich 33,53 €, der Preis wurde insgesamt im 17,81 % erhöht.

Seite 130 | Aufgabe 13
Diese Aussage ist falsch. Gegenbeispiel: Der Preis einer Ware beträgt ohne Mehrwertsteuer 100 €, mit 16 % Mehrwertsteuer 116 € und mit 19 % Mehrwertsteuer 119 €.
$\frac{119\ €}{116\ €} = 1{,}0259$. Die Ware kostet nun 2,59 % mehr.

Seite 130 | Aufgabe 14
a) $40\ € \cdot 1{,}05 \cdot 0{,}9 = 37{,}80\ €$
b) $x \cdot 1{,}25 \cdot 1{,}2 = 30\ € \Leftrightarrow x = 20\ €$
c) $60\ € \cdot 1{,}1 \cdot x = 56{,}10\ € \Leftrightarrow x = 0{,}85$: Die Abnahme betrug 15 %.
d) Möglichkeit 1: Zunahme um 50 %, Abnahme um 20 %: $50\ € \cdot 1{,}5 \cdot 0{,}8 = 60\ €$
   Möglichkeit 2: Zunahme um 28 %, Abnahme um 6,25 %: $50\ € \cdot 1{,}28 \cdot 0{,}9375 = 60\ €$
e) individuelle Lösungen

Seite 131 | Aufgabe 15
Herr Jungs Rechnung und die des Reisebüroleiters liefern das gleiche, richtige Ergebnis. $1785\ € \cdot 1{,}18 \cdot 0{,}88 = 1853{,}54\ €$. Die Rechnung des Sohns ist dagegen falsch: Prozentsätze müssen immer auf den Grundwert bezogen berechnet werden.

Seite 131 | Aufgabe 16
Individuelle Lösungen. Die folgenden Zahlen können verwendet werden:
Wahlbeteiligung: 85 % bei der Wahl 2008, 70 % 2013 und 77,3 % 2018
Stimmenanteil Lenz: 56,97 % bei der Wahl 2008, 49,35 % 2013; 50,96 % 2018.
Stimmenanteil Winter: 43,03 % bei der Wahl 2008, 50,65 % 2013, 49,04 % 2018.

Seite 131 | Aufgabe 17
a) $145\ € \cdot 1{,}0125 = 146{,}81\ €$: Nach einem Jahr erhält Bianca 146,81 €.
b) $145\ € \cdot 0{,}0125 \cdot \frac{200}{360} = 1{,}01\ €$: Nach 200 Tagen erhält sie 1 € und 1 Cent Zinsen.
c) Jedes Jahr wird ihr aktuelles Guthaben mit 1,0125 multipliziert. Da sie das Geld für 5 Jahre anlegt, wird es fünf-mal mit 1,0125 multipliziert, was ihrer Rechnung entspricht.
d) $145\ € \cdot 1{,}0125^n$

Seite 131 | Aufgabe 18
$1{,}25 \cdot 1{,}25 \cdot x = 2$ | : 1,5625
$x \phantom{\cdot 1{,}25 \cdot 1{,}25} = 1{,}28$
Die Steigerung im dritten Jahr müsste 28 % betragen.

Seite 132 | Aufgabe 19
a) 77,16 %   b) $A = A_0 \cdot 1{,}1^n \cdot 1{,}1^n$ c) Nach 6 Wiederholungen   d) 19 %

Seite 132 | Aufgabe 20
a) $0{,}8^3 = 0{,}512$. Nach drei Jahren beträgt der Wert noch 51,2 % des Neupreises.
b) $x \cdot 0{,}8^5 = 6060\ € \Leftrightarrow x = 18\,493{,}65\ €$: Das Auto kostete etwa 18 500 €.
c) $x \cdot 0{,}8^5 - 2000\ € = 6060\ € \Leftrightarrow x = 24\,597{,}17\ €$
d) Ein Kratzer oder ein Defekt eines Bauteils kann ebenso für eine Wertminderung sorgen.

Seite 132 | Aufgabe 21

a) Aus dem Bild entnimmt man: V(X) = 12 cm³; O(X) = 48 cm²
   Daraus folgt: V(K) = 12 cm³ · $\frac{9}{4}$ = 27 cm³; O(K) = $\frac{48 \text{ cm}^2}{0{,}727}$ ≈ 66 cm²

b) V(Y) = 9 cm³; O(Y) = 38 cm²
   $\frac{9}{12}$ = 0,75; $\frac{38}{48}$ = 0,79: Der Körper Y weist 75 % des Volumens und 79 % des Oberflächeninhalts von Körper X auf.

c) Da bereits das Verhältnis von Körper X zu Körper K und das Verhältnis von Körper X zu Körper Y bekannt ist, kann man diese nutzen, um das Verhältnis von Körper Y zu Körper K zu berechnen:
   Volumenverhältnis: $\frac{4}{9}$ · 0,75 = $\frac{1}{3}$; Verhältnis des Oberflächeninhalts: 0,727 · 0,79 = 0,574.

d) Beispiel:

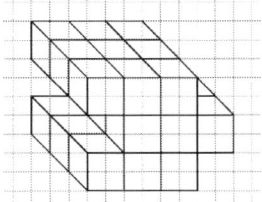

6.2 Daten darstellen und auswerten

Seite 133 | Einstieg

Die gewonnenen Daten können in Diagrammen dargestellt werden. Zu Alter und Taschengeld kann man auch das arithmetische Mittel (den Durchschnitt) berechnen und bestimmen, was jeweils die größten und kleinsten Werte sind. Bei den Stadtvierteln ist das nicht sinnvoll.

Methode: Mit einer DGS Daten auswerten und darstellen

Seite 136 | Aufgabe 1
individuelle Lösungen

Seite 136 | Aufgabe 2
individuelle Lösungen

Seite 137 | Aufgabe 1
a) M = 6   b) M = 6,5
c) Zu a): Bei Ergänzung von 7 oder 10 bleibt der Median 6.   zu b): Bei Ergänzung von 7 oder 10 ändert sich der Median zu 7.

Seite 133 | Aufgabe 2
a) Spannweite: 143   Median: 10,5   unteres Quartil: 2,5   oberes Quartil: 45
b) Spannweite: 224   Median: 64   unteres Quartil: 16   oberes Quartil: 144

Seite 133 | Aufgabe 3

a)
Zeile	1	2	3	4
Arithmetisches Mittel	20	20	20	20
Median	20	20	20	20

Median und arithmetisches Mittel aller Zeilen sind identisch.

b)
Zeile	1	2	3	4
Arithmetisches Mittel	22,2	26,2	30,2	34,2
Median	15	19	23	27

Die Werte nehmen genau wie die einzelnen Werte in den Zeilen jeweils um 4 zu.

c)
Zeile	1	2	3	4
Arithmetisches Mittel	48,4	44,8	46,6	44,6
Median	45	45	45	45

Obwohl der Median der Zeilen identisch ist, unterscheidet sich das arithmetische Mittel.

Seite 137 | Aufgabe 4
Beispiele:
a) 4, 14, 20, 31   b) 10, 12, 14, 16   c) 1, 11, 15, 20   d) 1, 11, 12, 13

Seite 137 | Aufgabe 5
a) Das arithmetische Mittel, der Median und die Quartile nehmen einen größeren Wert an.
b) Das arithmetische Mittel, der Median und die Quartile nehmen einen kleineren Wert an.
c) Der Median bleibt identisch, das arithmetische Mittel nimmt ab. Das untere Quartil nimmt einen größeren Wert an, das obere einen kleineren.

Seite 137 | Aufgabe 6
Beispiel: −4, −2, 0, 2, 4
a) −4, −2, 0, 2, 14   b) −2, 0, 2, 4, 6   c) −9, −2, 2, 4, 5

Seite 137 | Aufgabe 7

a) Das arithmetische Mittel wird mithilfe von =MITTELWERT(B:B) bestimmt. Der Median wird mit =MEDIAN(B:B) berechnet. Mithilfe von =MAXIMUM(B:B)−MINIMUM(B:B) berechnet man die Spannweite. $\bar{m} = 1{,}35$, M = 1,36, Spannweite = 0,23.

b) Verkleinert oder vergrößert man einen Wert ändert sich der Mittelwert. Verkleinert man den kleinsten oder vergrößert man den größten Wert vergrößert sich die Spannweite.

Seite 138 | Aufgabe 8

a)
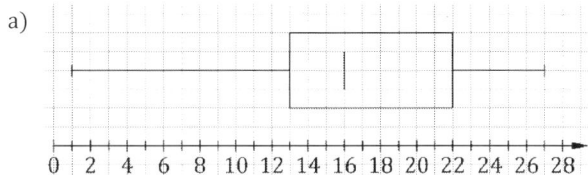

b)
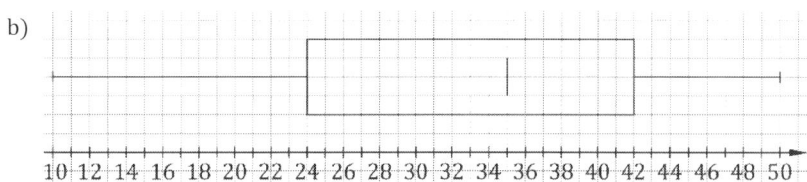

c)
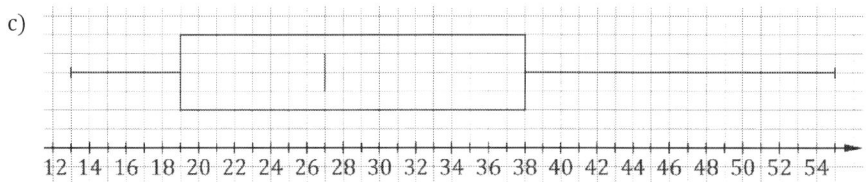

Seite 138 | Aufgabe 9

a)
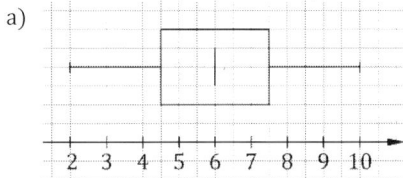

b)
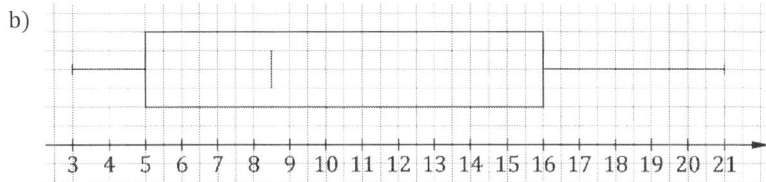

Seite 138 | Aufgabe 10

M = 32, unteres Quartil = 26, oberes Quartil = 36, Minimum = 13, Maximum = 44, Spannweite = 31

Seite 138 | Aufgabe 11

	Minimum	Unteres Quartil	Median	Oberes Quartil	Maximum
1	1	3	4	5	6
2	4	7	10	12	16
3	1	4	6	8	11
4	6	9	11	12	15

Seite 138 | Aufgabe 12

Datenreihe: 5 9 12 16 18 22 28 34
Median = 17, unteres Quartil = 10,5, oberes Quartil = 25, Minimum = 5, Maximum = 34
Zeichnung individuell

Seite 139 | Aufgabe 13

Der Datensatz links oben passt zum dargestellten Boxplot, denn nur bei diesem gilt, dass das untere Quartil gleich 27 und das obere Quartil gleich 32 ist.

Seite 139 | Aufgabe 14

Individuelle Lösung
Für die Zahlenreihe muss gelten: M = 10, unteres Quartil = 6, oberes Quartil = 12, Minimum = 3, Maximum = 16

Seite 139 | Aufgabe 15

a) M = 144, unteres Quartil = 141, oberes Quartil = 149, Spannweite = 24

b)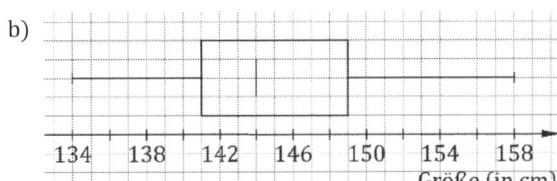

c) Es sind genau gleich viele Kinder kleiner als 144 cm und größer als 144 cm. Das größte Kind ist 24 cm größer als das kleinste Kind. Es sind gleich viele Kinder zwischen 134 cm und 141 cm groß, wie zwischen 141 cm und 144 cm, 141 cm und 149 cm sowie 149 cm und 158 cm.

Seite 139 | Aufgabe 16

individuelle Lösungen
Für die Notenverteilung der Klasse 7a muss gelten: M = 4, unteres Quartil = 2, oberes Quartil = 5, Minimum = 1, Maximum = 6
Für die Notenverteilung der Klasse 7c muss gelten: M = 4, unteres Quartil = 3, oberes Quartil = 5, Minimum = 1, Maximum = 6

Seite 140 | Aufgabe 17

Der mittlere Preis könnte bedeuten, dass es von diesem Laptop genau gleich viele Modelle gibt, die teurer als 369 € und günstiger als 369 € sind.

Seite 140 | Aufgabe 18

Mikas Aussage ist falsch. Da er vom Durchschnitt spricht und nicht vom Median, kann er nicht mit Sicherheit sagen, dass er zur besseren Hälfte der Klasse gehört.

Seite 140 | Aufgabe 19

(1) Wenn sich die Kinder der Reihe nach aufstellen, dann ist die Anzahl der Kinder, die größer als 1,38 m sind, gleich groß wie die Anzahl der Kinder, die kleiner als 1,38 m sind. Der Median kann auch das Mittel zwischen den beiden Werten in der Mitte sein.

(2) 25 % der Kinder sind kleiner oder gleich 1,22 m.

(3) Minimum = 1,10 m; Maximum = 1,54 m; $1 - \frac{1,10 \text{ m}}{1,54 \text{ m}} = 0,29$. Das kleinste Kind ist um 29 % kleiner als das größte Kind.

Seite 140 | Aufgabe 20

individuelle Lösungen
Für die weiteren Datenreihen muss gelten: M = 9, unteres Quartil = 7, oberes Quartil = 11, Minimum = 3, Maximum = 29

Seite 140 | Aufgabe 21

Lisa hat mit ihrer Aussage Recht. Ist eine Verteilung symmetrisch, dann entspricht der Median dem arithmetischen Mittel. Fällt das Diagramm, dann sind mehr der Werte links angeordnet und der Median ist daher kleiner als das arithmetische Mittel. Steigt es, ist der Median größer als das arithmetische Mittel.

Seite 140 | Aufgabe 22

Leons Aussage ist falsch. Gegenbeispiel: 0, 100, 1000, 10 000 ⇔ $\bar{m} = 2775$

Seite 140 | Aufgabe 23

a) $(2; 3) = \frac{12}{5}$; $(4; 5) = \frac{40}{9}$; $(3; 6) = 4$

Für das harmonische Mittel einer Zahlenmenge gilt: $\bar{x}_{\text{harmonisch}} = \frac{2ab}{a+b}$

b) individuelle Lösung

$\bar{x}_{\text{harmonisch}} = \frac{n}{\frac{1}{x_1} + \cdots + \frac{1}{x_n}}$

$\bar{x}_{\text{harmonisch}} = 3 = \frac{3}{\frac{1}{x_1} + \frac{1}{x_2} + \frac{1}{x_3}} \Leftrightarrow 1 = \frac{1}{x_1} + \frac{1}{x_2} + \frac{1}{x_3}$: Gilt Beispielsweise für die Zahlen 2, 4, 4.

7 Kongruente Dreiecke

7.1 Kongruenz von Figuren

Seite 146 | Einstieg
Bei den ersten drei Figuren ist das Verhältnis der entsprechenden Seiten gleich. Die Figuren sind also durch Vergrößern bzw. Verkleinern auseinander hervorgegangen.

Seite 147 | Aufgabe 1
Zwei Figuren, die zur Deckung gebracht werden können, sind kongruent. Kongruenz bedeutet also übereinstimmend.

Seite 147 | Aufgabe 2
Legt man die zwei Sohlen eines Schuhpaars aufeinander und sie sind deckungsgleich, liegen Schuhe derselben Größe vor.

Seite 147 | Aufgabe 3
Die Figuren ①, ② und ③ sind kongruent. Bei Figur ④ ist der rechteckige Teil weniger breit als bei den anderen.

Seite 148 | Aufgabe 4
Die Dreiecke JKL und DEF sind zum Dreieck ABC kongruent. $\overline{AB} = \overline{KL} = \overline{DE}$; $\overline{BC} = \overline{JK} = \overline{DF}$; $\overline{AC} = \overline{JL} = \overline{EF}$;
∢CBA = ∢JKL = ∢EDF; ∢BAC = ∢KLJ = ∢FED; ∢ACB = ∢LJK = ∢DFE

Seite 148 | Aufgabe 5
a) Richtig. Über die Breite und die Länge ist ein Rechteck eindeutig definiert. Alle Winkel eines Rechtecks sind 90° groß.
b) Falsch. Der Umfang definiert nicht eindeutig die Form des Rechtecks, Länge und Breite zweier Rechtecke mit identischem Umfang können sich unterscheiden.
c) Falsch. Über den Flächeninhalt lassen sich die Winkel und Seitenlängen eines Dreiecks nicht eindeutig bestimmen.
d) Falsch. Die Winkel der Vierecke sind über die Seitenlängen nicht eindeutig definiert.
e) Richtig. Zwei zueinander punktsymmetrische Figuren sind kongruent.

Seite 148 | Aufgabe 6

a)

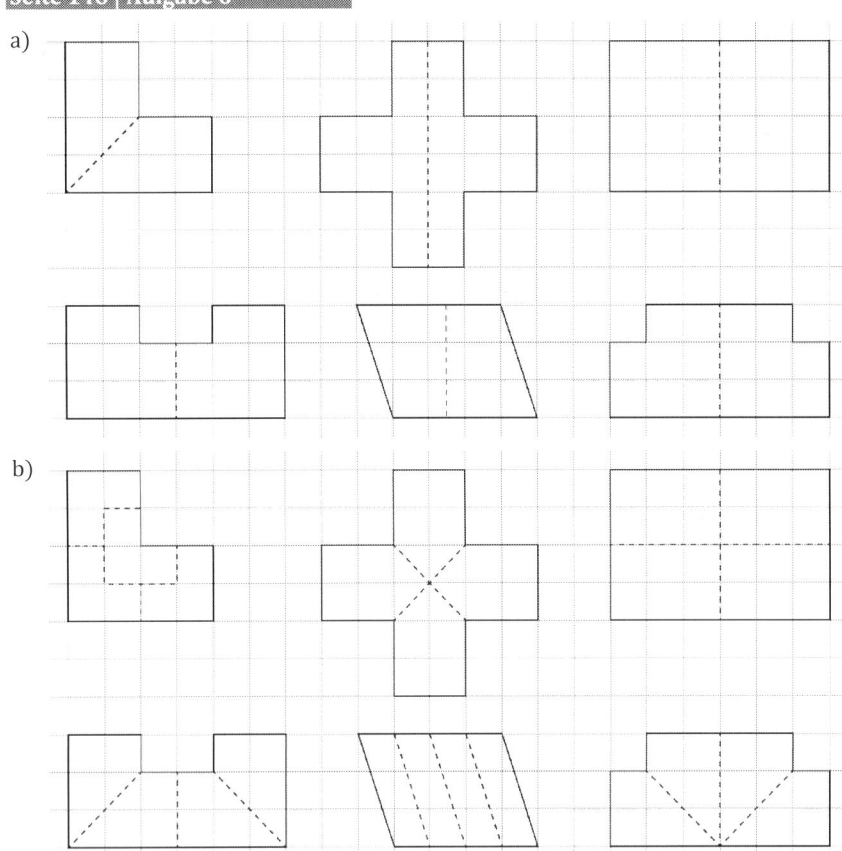

b)

Seite 148 | Aufgabe 7
Boris Aussage ist falsch. Gegenbeispiel: Ein Quadrat mit der Seitenlänge 2 cm und ein Rechteckt mit 1 cm Breite und 4 cm Länge lassen sich jeweils in 4 Quadrate mit der Seitenlänge 1 cm zerlegen, sind aber nicht kongruent zueinander.

Seite 148 | Aufgabe 8

a)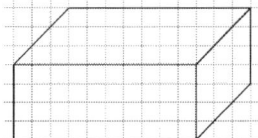

Die jeweils gegenüber liegenden Seitenflächen sind kongruent.

b)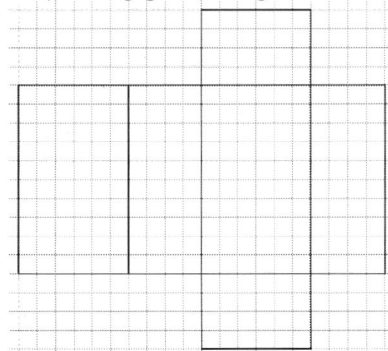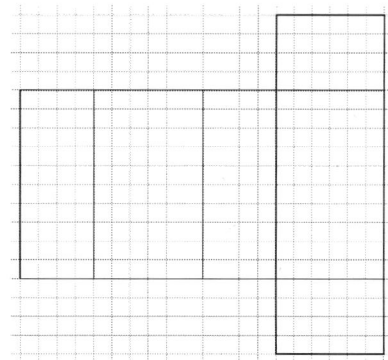

c) $V = 5\,\text{cm} \cdot 3\,\text{cm} \cdot 2\,\text{cm} = 30\,\text{cm}^3$ $O = 2 \cdot (5\,\text{cm} \cdot 3\,\text{cm} + 5\,\text{cm} \cdot 2\,\text{cm} + 3\,\text{cm} \cdot 2\,\text{cm}) = 62\,\text{cm}^2$

Seite 149 | Aufgabe 9

a) Das Quadrat besteht aus 25 Kästchen, das L-Stück aus 3 Kästchen. 25 lässt sich nicht ohne Rest durch 3 teilen. Das Quadrat lässt sich also nicht vollständig in L-Stücke zerlegen.

b)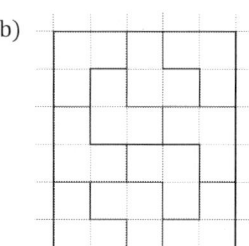

Ein Quadrat aus 36 Kästchen lässt sich in L-Stücke zerlegen.

Seite 149 | Aufgabe 10

a) Würfel   b) Quader   c) Prisma

Seite 149 | Aufgabe 11

a) Richtig. Wenn die Seiten gleich lang sind, ergibt sich auch der gleiche Umfang und der gleiche Flächeninhalt.
b) Richtig. Symmetrisch bedeutet, dass Figuren aufeinander abgebildet werden können. Eine Figur kann immer auf eine zu ihr kongruente Figur abgebildet werden.
c) Falsch. Die Winkel zwischen den Seiten können sich unterscheiden.
d) Falsch. Die Winkel zwischen den Seiten können sich unterscheiden.
e) individuelle Lösungen

Seite 149 | Aufgabe 12

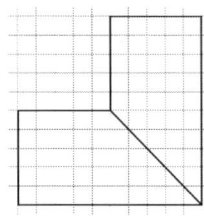   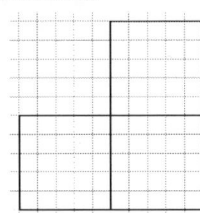   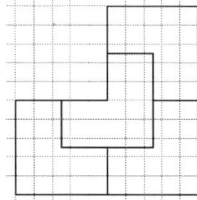   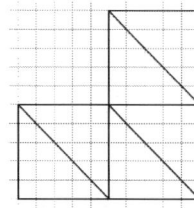   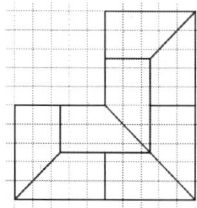

2 Teilfiguren   3 Teilfiguren   4 Teilfiguren   6 Teilfiguren   8 Teilfiguren

Eine Zerlegung in 5 kongruente Teilfiguren ist nicht möglich.

Seite 149 | Aufgabe 13

a)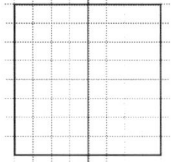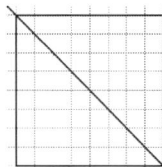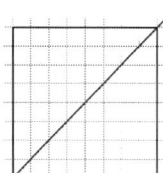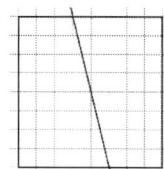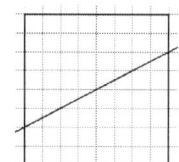

b) Jede Gerade, die durch den Mittelpunkt des Quadrats geht, teilt es in zwei kongruente Teilstücke.
c) Bei jedem Rechteck gilt diese Besonderheit.

Seite 149 | Aufgabe 14

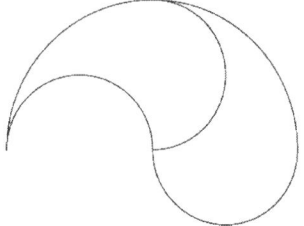

7.2 Kongruenzsätze für Dreiecke

Seite 150 | Einstieg
a) Auch wenn zwei Dreiecke die gleichen Winkel haben, können sie noch unterschiedlich groß sein, also unterschiedlich lange Seiten haben.
b) Wenn man drei Stäbe hat, lassen sie sich nur auf eine Weise zu einem Dreieck zusammenlegen. Also sind alle Dreiecke mit diesen Seitenlängen kongruent.

Seite 155 | Aufgabe 1
a) Die dritte Seite des Dreiecks kann unterschiedlich lang sein, je nach dem Winkel zwischen den beiden gegebenen Seiten.
b) Durch die Diagonale entstehen zwei kongruente Dreiecke, da zwei Seiten durch die Länge und Breite des Rechtecks gegeben sind und ebenfalls ein Winkel von 90° gegeben ist (SsW-Satz).

Seite 155 | Aufgabe 2
Konstruktionsbeschreibung: Man zeichnet eine der Seiten und trägt an den Enden die anderen beiden Seitenlängen mit dem Zirkel ab. Der Schnittpunkt der Kreise ist der dritte Eckpunkt des Dreiecks.
a) Das Dreieck ist eindeutig konstruierbar. Es ist: $\alpha = 37°$, $\beta = 53°$, $\gamma = 90°$.
b) Das Dreieck ist eindeutig konstruierbar. Es ist: $\alpha = 22°$, $\beta = 131°$, $\gamma = 27°$
c) Das Dreieck ist nicht konstruierbar. Die Summe der Seitenlängen der beiden kleineren Seiten ist kürzer als die Länge der längsten Seite.
d) Das Dreieck ist eindeutig konstruierbar. Es ist: $\alpha = 30°$, $\beta = 94°$, $\gamma = 56°$

Seite 155 | Aufgabe 3
Durch Drehen des gelieferten Fensters erhält man die gewünschten Maße. Die Dreiecke sind kongruent.

Seite 155 | Aufgabe 4
$a_{min} = 1$ cm: Die beiden Seiten b und c liegen dann übereinander, es handelt sich nicht mehr um ein Dreieck. Für ein Dreieck muss c minimal länger als 1 cm sein.
$a_{max} = 11$ cm. Dann liegen die beiden Seiten in einer Flucht, es handelt sich wieder nicht wirklich um ein Dreieck. Für ein Dreieck muss c minimal kürzer als 11 cm sein. Wird a noch länger, ist die Dreieckungleichung nicht mehr erfüllt.

Seite 155 | Aufgabe 5
Es gibt drei Möglichkeiten die Streichhölzer auf die einzelnen Dreiecksseiten zu verteilen: 4–4–4; 2–5–5; 4–3–5.

Seite 155 | Aufgabe 6
a) eindeutig, da WSW
   1. B und C sind durch die Seite a = 2 cm gegeben.
   2. A liegt auf dem freien Schenkel von $\beta = 55°$.
   3. A liegt auf dem freien Schenkel von $\gamma = 75°$.
b) eindeutig, da SWW
   1. A und C sind durch die Seite b = 3,5 cm gegeben.
   2. B liegt auf dem freien Schenkel von $\alpha = 75°$.
   3. B liegt auf dem freien Schenkel von $\gamma = 75°$.
c) eindeutig, da WSW
   1. A und C sind durch die Seite b = 4 cm gegeben.
   2. B liegt auf dem freien Schenkel von $\alpha = 40°$.
   3. B liegt auf dem freien Schenkel von $\gamma = 80°$.
d) eindeutig, da SWW
   1. A und B sind durch die Seite c = 6 cm gegeben.
   2. C liegt auf dem freien Schenkel von $\alpha = 60°$.
   3. C liegt auf dem freien Schenkel von $\beta = 25°$.

Seite 155 | Aufgabe 7
a) Die Dreiecke sind kongruent. Es ist je eine gleich lange Seite gegeben, außerdem beträgt das Maß des anliegenden Winkels bei beiden Dreiecken 43°, das Maß des nicht anliegenden Winkels 67°.
b) Die Dreiecke sind nicht kongruent. Es ist je eine gleich lange Seite gegeben, allerdings ist der Winkel mit dem Maß 60° einmal anliegend, einmal nicht.
c) Die Dreiecke sind nicht kongruent. Es ist je eine gleich lange Seite gegeben, allerdings ist der Winkel mit dem Maß 60° einmal anliegend, einmal nicht.

Seite 155 | Aufgabe 8
Prinzipiell hat Lotta mit ihrer Aussage Recht. Doch da in diesem Beispiel $\alpha = \gamma = 50°$ ist, sind die Dreiecke doch kongruent.

Seite 156 | Aufgabe 9
a) Das Dreieck ist eindeutig konstruierbar. Es sind zwei Seiten und ein eingeschlossener Winkel gegeben. Wenn man dies gezeichnet hat, kann man die freien Enden der beiden Schenkel zum Dreieck verbinden.

b) Das Dreieck ist eindeutig konstruierbar. Es sind zwei Seiten und der Gegenwinkel der größeren Seite gegeben. Man zeichnet die Seite a = 4 cm, trägt am einen Ende einen Schenkel im Winkel 55° und am anderen einen Kreis mit Radius 5 cm ab. Der Schnittpunkt von Kreis und Schenkel ist der dritte Dreieckspunkt.

c) Das Dreieck ist nicht eindeutig konstruierbar. Es sind zwei Seiten und der Gegenwinkel der kleineren Seite gegeben. Man zeichnet die Seite b = 5 cm, trägt am einen Ende einen Schenkel im Winkel 55° und am anderen einen Kreis mit Radius 4 cm ab. Es ergeben sich zwei Schnittpunkte von Schenkel und Kreis.

d) Das Dreieck ist eindeutig konstruierbar. Es sind zwei Seiten und der Gegenwinkel der größeren Seite gegeben. Man zeichnet die Seite b = 4 cm, trägt am einen Ende einen Schenkel im Winkel 55° und am anderen einen Kreis mit Radius 5 cm ab. Der Schnittpunkt von Kreis und Schenkel ist der dritte Dreieckspunkt.

Seite 156 | Aufgabe 10

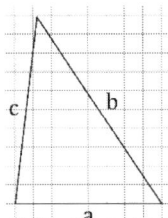

In diesem Dreieck gilt a = 4 cm; b = 6 cm; c = 5 cm
$\alpha = 56°, \beta = 41°, \gamma = 83°$

Seite 156 | Aufgabe 11

a) Die Dreiecke sind kongruent. Es sind jeweils zwei Seiten und der eingeschlossene Winkel gegeben, die Werte sind gleich.
b) Die Dreiecke sind kongruent. Es sind jeweils zwei Seiten und der Winkel gegeben, der der größeren Seite gegenüber liegt, die Werte sind gleich.
c) Die Dreiecke sind nicht kongruent. Es sind einmal zwei Seiten und ein gegenüberliegender Winkel gegeben, einmal zwei Seiten und ein eingeschlossener.

Seite 156 | Aufgabe 12

Die Dreiecke ②, ③, ⑥ und ⑦ sind kongruent zum blauen Dreieck.

Seite 156 | Aufgabe 13

a) Das Dreieck ist eindeutig konstruierbar, WSW, da man γ = 70° berechnen kann.
b) Das Dreieck ist nicht konstruierbar, da die Dreiecksungleichung nicht erfüllt ist.
c) Das Dreieck ist eindeutig konstruierbar, WSW.
d) Das Dreieck ist eindeutig konstruierbar, es sind zwei Seiten und der eingeschlossene Winkel gegeben.
e) Das Dreieck ist eindeutig konstruierbar. WSW.
f) Das Dreieck ist nicht eindeutig konstruierbar, es sind zwei Seiten gegeben und der Winkel gegenüber der kleineren Seite.

Seite 156 | Aufgabe 14

a) SWS-Satz   b) WSW-Satz   c) SWW-Satz   d) WSW-Satz

Seite 157 | Aufgabe 15

a) SWS-Satz   b) SSS-Satz

Seite 157 | Aufgabe 16

SSS-Satz: Länge aller Seiten, 8 cm, 7 cm, 5 cm
SWS-Satz: Ein Winkel und die beiden anliegenden Seitenlängen. 5 cm, 60°, 8 cm oder 8 cm, 38°, 7 cm oder 7 cm, 82°, 5 cm
SWW-Satz: Länge einer Seite, eines anliegenden Winkels und eines nicht anliegenden Winkels. 8 cm, 38°, 82° oder 8 cm, 60°, 82° oder 7 cm, 82°, 60° 7 cm, 38°; 60° oder 5 cm, 60°, 38° oder 5 cm, 82°; 38°
WSW-Satz: Länge einer Seite und die beiden anliegenden Winkel. 60°, 8 cm, 38° oder 38°; 7 cm, 82° oder 82°, 5 cm, 60°
SsW-Satz: Zwei Seiten und der Winkel gegenüber der größeren Seite. 8 cm, 7 cm, 82° oder 7 cm, 5 cm, 60° oder 5 cm, 8 cm, 82°.

Seite 157 | Aufgabe 17

b = 60 m, c = 100 m, α = 80°
Die gesuchte Länge ist a = 107 m.

Seite 157 | Aufgabe 18

a) Dreieck ①: Eine Seite 2 cm, Höhe auf dieser Seite 10 cm; Dreieck ②: Eine Seite 4 cm; Höhe auf dieser Seite 5 cm,
   Die Dreiecke haben den gleichen Flächeninhalt und sind nicht kongruent.
b) Dreieck ①: Seitenlängen 3 cm, 3 cm, 3 cm, also gleichseitig; Dreieck ②: Seitenlängen 2 cm, 2 cm, 5 cm
   Die Dreiecke haben den gleichen Umfang und sind nicht kongruent.
c) Die Dreiecke in Aufgabe 11c sind nicht kongruent, auch wenn zwei Seiten und ein Winkel übereinstimmen.
d) Die Dreiecke in Aufgabe 7b sind nicht kongruent, auch wenn zwei Winkel und eine Seite übereinstimmen

Seite 157 | Aufgabe 19

a = 5 cm, γ = 70°, b = 4 cm; SWS-Satz

Seite 158 | Aufgabe 20
Es wird die Formel für den Flächeninhalt eines Dreiecks veranschaulicht: $A = \frac{1}{2} \cdot G \cdot h$. Das orangene Dreieck und das größere, gelbe Teildreieck sind kongruent. Ebenso sind das blaue und das kleinere, gelbe Teildreieck kongruent. Der Flächeninhalt des Dreiecks beträgt also die Hälfte des abgebildeten Rechtecks.

Seite 158 | Aufgabe 21
Für a = 5,4 ergibt sich genau ein mögliches Dreieck, da der Kreis die Strecke b genau einmal berührt. Für 5,4 < a < 7 ergeben sich jeweils zwei mögliche Dreiecke, der Kreis schneidet die Strecke b in zwei Punkten. Gilt a > 7, schneidet der Kreis die Strecke b wieder in genau einem Punkt und es liegt ein Dreieck vor.

Seite 158 | Aufgabe 22
a) Die Dreiecke sind kongruent. $\overline{AP} = \overline{AP'}$, $\overline{FP} = \overline{FP'}$ und die Winkel der Dreiecke sind alle identisch.
b) Wählt man P so, dass dort der Winkel 45° beträgt, sind die Dreiecke kongruent. Denn dann gilt $\overline{AP} = \overline{AP'} = \overline{AP''}$ und $\overline{PP'} = \overline{P'P''}$. Ebenso sind alle Winkel identisch.

Seite 158 | Aufgabe 23
Mithilfe des Dreiecks ABC mit C als Basis des Turms lassen sich die Strecken a und b mithilfe einer Konstruktion bestimmen: a = 153 m, b = 175 m.
Der Winkel zwischen a bzw. b und der Turmhöhe h beträgt 90°, da der Turm senkrecht auf dem Boden steht. Man kann also mithilfe der Winkel ε oder τ eines der Dreiecke BCT oder ACT konstruieren, dabei ist T die Turmspitze. Es ergibt sich h = 137 m.

Seite 158 | Aufgabe 24
Die gesuchte Länge ist die Raumdiagonale durch die Getränkepackung. Ist a die längere Diagonale des Rechtecks, welches die Oberseite der Getränkepackung bildet und b die Höhe der Getränkepackung, kann die gesuchte Raumdiagonale mittels des Dreiecks mit a = 7,6 cm, b = 8,4 cm und γ = 90° ermittelt werden. Es ist d = 11,3 cm.
Der Trinkhalm muss länger als 11,3 cm sein, damit er nicht in die Packung hineinrutscht.

Seite 158 | Aufgabe 25
Es können 4 verschiedene Dreiecke gebildet werden: 101-102-103, 101-102-2, 101-102-3 und 101-103-3
$U_1 = 306$ cm; $U_2 = 205$ cm; $U_3 = 206$ cm; $U_4 = 207$ cm.

8 Besondere Dreiecke

8.1 Gleichschenkliges und gleichseitiges Dreieck

Seite 164 | Einstieg

Insgesamt 21 Dreiecke: Fünf gleichseitige Dreiecke (gelb, schwarz-grau-weiß-blau, braun-grün, lila-rot und das große).
Drei gleichschenklige Dreiecke (braun-schwarz-grau, rot-weiß-grau, lila, blau, grün)
Sechs allgemeine Dreiecke (braun-schwarz, schwarz-grau, grau-weiß, weiß-rot, grün-blau-weiß, lila-blau-schwarz)
Sieben allgemeine kleine Dreiecke (braun, schwarz, grau, weiß, rot, lila, grün)

Seite 166 | Aufgabe 1

a) $\beta = 37°; \gamma = 106°; \gamma_1 = \gamma_2 = 53°$
b) $\alpha = 29{,}5°; \beta = 29{,}5°; \gamma_1 = \gamma_2 = 60{,}5°$
c) $\alpha = 45°; \beta = 45°; \gamma = 90°; \gamma_2 = 45°$

Seite 166 | Aufgabe 2

a) Die Basiswinkel betragen jeweils 52,2°.
b) Der andere Basiswinkel beträgt ebenfalls 30°. Der Winkel an der Spitze beträgt 120°.
c) Die Basiswinkel betragen jeweils 37,5°.
d) Es gibt zwei Möglichkeiten: Die Basiswinkel betragen jeweils 35°. Der Winkel an der Spitze beträgt 110°.
 Oder: Der Winkel an der Spitze beträgt 35°, die Basiswinkel betragen jeweils 72,5°.
e) $2(x - 21°) + x = 180° \Rightarrow x = 74°$
 Der Winkel an der Spitze beträgt 74°. Die beiden Basiswinkel betragen 53°.
f) $2 \cdot 1{,}3x + x = 180° \Rightarrow x = 50°$
 Der Winkel an der Spitze beträgt 50°. Die beiden Basiswinkel betragen 65°.
g) $2 \cdot 7x + x = 180° \Rightarrow x = 12°$
 Der Winkel an der Spitze beträgt 12°. Die beiden Basiswinkel betragen 84°.

Seite 167 | Aufgabe 3

a) $\delta = 50°$: Winkelsumme im Dreieck $\quad\quad \beta = 110°$: Nebenwinkel
 $\alpha = \gamma = 35°$: Basiswinkel im gleichschenkligen Dreieck
b) $\alpha = 30°$: Basiswinkel im gleichschenkligen Dreieck $\quad\quad \beta = \gamma = 75°$: Basiswinkel im gleichschenkligen Dreieck
 $\delta = 105°$: Nebenwinkel zu γ $\quad\quad \varepsilon = 45°$: Winkelsumme im Dreieck
c) $\gamma = 68{,}5°$: Basiswinkel im gleichschenkligen Dreieck $\quad\quad \beta = 47°$: Winkelsumme im Dreieck
 $\alpha = 21{,}5°$: ergänzt β zu 68,5°
d) $\gamma = 26{,}57°$: Basiswinkel im gleichschenkligen Dreieck $\quad\quad \alpha = 126{,}86°$: Winkelsumme im Dreieck
 Winkel zwischen h_C und der Höhe im großen Dreieck: 26,57° Winkelsumme im Dreieck

Seite 167 | Aufgabe 4

a) Nein, das Dreieck muss nicht gleichschenklig sein. Gegenbeispiel Dreieck mit $\alpha = 60°, \beta = 20°$ und $\gamma = 100°$
b) Nein, das Dreieck muss nicht gleichschenklig sein. Gegenbeispiel Dreieck mit $\alpha = 60°, \beta = 20°$ und $\gamma = 100°$
c) Nein, das Dreieck ist nie gleichschenklig, da der dritte Winkel 53° beträgt.
d) Ja, das Dreieck ist immer gleichschenklig. Das ergibt sich aus der Definition einer Raute.

Seite 167 | Aufgabe 5

Da durch die Angabe, dass es sich um ein gleichschenkliges Dreieck handelt, jeweils auf die Länge des anderen Schenkels bzw. auf die Basiswinkel geschlossen werden kann, sind die Dreiecke eindeutig konstruierbar.

a) 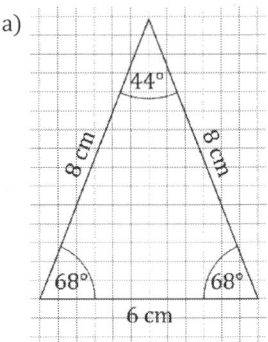 b) 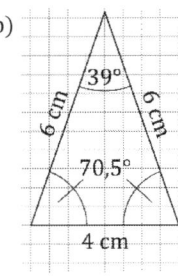 c) 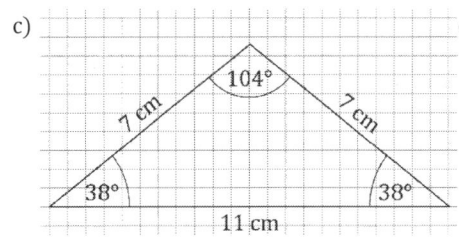 d)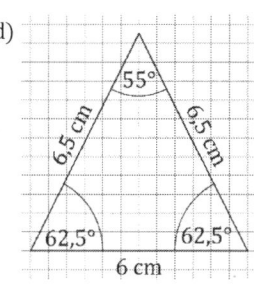

Seite 167 | Aufgabe 6

a) 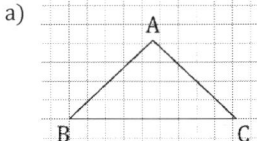 b) 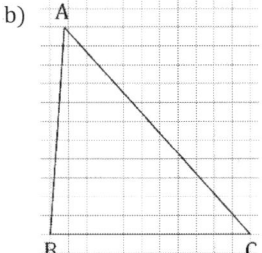 c)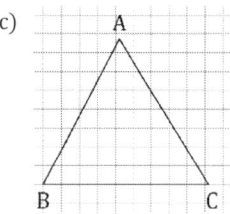

d)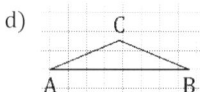
e)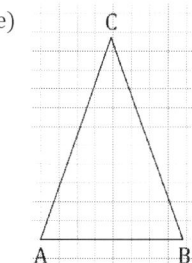
f)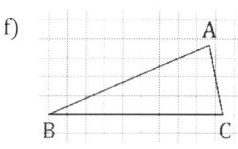

Seite 167 | Aufgabe 7
Ist der gegebene Winkel größer oder gleich 90°, dann ist dieser immer der Winkel an der Spitze. Ist der Winkel jedoch kleiner als 90°, kann er sowohl ein Basiswinkel sein als auch der Winkel an der Spitze.

Seite 167 | Aufgabe 8
Die Innenwinkel der Teildreiecke betragen 60°, 30° und 90°.

Seite 167 | Aufgabe 9
a) Konstruiere ein gleichseitiges Dreieck. Die Innenwinkel betragen 60°.
b) Konstruiere ein gleichseitiges Dreieck und teile dieses durch eine Höhe in zwei Teildreiecke. Der kleinste Innenwinkel der Teildreiecke beträgt jeweils 30°.
c) Konstruiere ein gleichseitiges Dreieck und teile dieses durch eine Höhe in zwei Teildreiecke. Teile nun eines der Teildreiecke erneut in zwei Dreiecke. Ziehe dafür eine Gerade durch die Spitze und durch den Punkt, der auf der Basis des ursprünglichen Dreiecks liegt und ein Viertel der Basisstrecke markiert. Hierdurch beträgt der Winkel im neu entstandenen Teildreieck 15°.
d) Konstruiere ein gleichseitiges Dreieck. Zeichne eine Gerade g, die die Höhe des Dreiecks beinhaltet und durch die Spitze geht. Der Nebenwinkel an der Spitze beträgt nun 150°.
e) Gehe wie in Aufgabenteil c) vor. Der Nebenwinkel zum 15°-Winkel beträgt 345°.
f) Konstruiere das Dreieck wie in Teilaufgabe c). Konstruiere nun an die Seite, an welcher der 15°-Winkel liegt erneut ein gleichseitiges Dreieck. Die Gerade, die den 15°-Winkel bildet, bildet nun den Nebenwinkel $180° - 60° - 15° = 105°$.

Seite 167 | Aufgabe 10
Mareikes Aussage ist dann richtig, wenn die Größe eine Seitenlänge des Dreiecks beschreibt. Die Winkel eines gleichseitigen Dreiecks sind immer alle 60°. Hat man nur diese Information, kann man das Dreieck nicht konstruieren.

Seite 168 | Aufgabe 11
a) Es entsteht ein gleichseitiges Dreieck. Alle drei Seiten sind so lang wie der Radius des Kreises.
b) Es entsteht ein regelmäßiges Sechseck. Das gleichseitiges Dreieck besitzt Winkel von 60°. Da der Kreis 360° einschließt, entstehen so $\frac{360°}{60°} = 6$ Dreiecke.
c) Anstelle eines gleichseitigen Dreiecks benötigt man nun gleichschenklige Dreiecke mit einem Winkel von 30° an der Spitze, also am Kreismittelpunkt.

Seite 168 | Aufgabe 12
Das Sechseck besteht aus 6 identischen gleichseitigen Dreiecken (siehe Aufgabe 11). Es werden 3 Dreiecke, die ebenfalls mit diesen identisch sind, abgeschnitten. Das Dreieck bestand also aus 9 solchen Dreiecken. Der Flächeninhalt des Sechsecks ist damit $A = \frac{36\ \text{cm}^2}{9} \cdot 6 = 24\ \text{cm}^2$.

Seite 168 | Aufgabe 13
Zwei gleichseitige Dreiecke sind kongruent, wenn sie in einer Seitenlänge übereinstimmen.
Zwei gleichschenklige Dreiecke sind kongruent, wenn ein Basiswinkel und eine Seitenlänge übereinstimmen oder wenn eine Basislänge und eine Schenkellänge übereinstimmen.

Seite 168 | Aufgabe 14
Der SsW-Satz gilt für Dreiecke, die in zwei Seiten und dem der längeren Seite gegenüberliegenden Winkel übereinstimmen. Hier liegt der Winkel der kürzeren Seite gegenüber. Daher gilt der SsW-Satz nicht und die Dreiecke sind nicht kongruent.

Seite 168 | Aufgabe 15
a) Falsch, die Schenkel können unterschiedlich lang sein.
b) Richtig. Wenn der Umfang gleich ist, sind bei gleichseitigen Dreiecken auch die Seitenlängen gleich.
c) Richtig. Dann sind die drei Winkel und eine Seitenlänge gleich.
d) Richtig. Wenn der Flächeninhalt gleich ist, sind bei gleichseitigen Dreiecken auch die Seitenlängen gleich.

Seite 169 | Aufgabe 16
Die Dreiecke, die die Zacken des Sterns bilden, sind alle identisch und gleichseitig. Die Seiten sind zum Beispiel $\overline{CH} = \overline{DC} = \overline{DJ}$. Die Höhe ist z. B. die Verbindung zwischen I und dem Fußpunkt in der Mitte der Strecke $\overline{DC}$.
Das Dreieck DIJ hat nun ebenfalls diese Höhe, sie liegt nur außerhalb des Dreiecks. Die zugehörige Grundseite ist $\overline{DJ}$, also ebenfalls genauso lang wie die Seiten der gleichseitigen Dreiecke. Wenn Grundseite und Höhe gleich sind, ist auch der Flächeninhalt gleich.

Seite 169 | Aufgabe 17

a) Das neue Dreieck ist ebenfalls gleichschenklig. Die Innenwinkel betragen 36°, 36° und 108°.

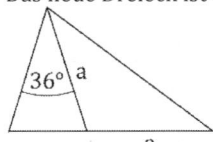

b) α ist der Winkel an der Spitze des urspünglichen Dreiecks. Dann sind die Basiswinkel $\frac{180°-α}{2}$. Der Winkel an der Spitze des neuen Dreiecks und ein Basiswinkel des alten ergänzen sich zu 180°. Also ist der Winkel an der Spitze des neuen Dreiecks $\frac{180°+α}{2}$ und die Basiswinkel $45° - \frac{α}{4}$.

c) Legt Anne an den gewünschten Winkel auf eine Seite das kurze Papier und in Verlängerung auf die andere Seite ebenfalls das kurze Papier und verbindet diese anschließend durch das lange Papier, hat sie ein gleichscheitiges Dreieck gelegt, dessen Basiswinkel halb so groß sind wie der ursprüngliche Winkel.

Seite 169 | Aufgabe 18

Da die Strecken $\overline{CE}$ und $\overline{BD}$ parallel sind, gilt: ∢ECB = ∢CBD (Wechselwinkel) und . ∢ACE = ∢ABD. Da es sich bei $\overline{CE}$ um einen Winkelhalbierende handelt, ist ∢ACE = ∢ECB und damit ∢CBD = ∢ADB. Dies sind die Winkel bei B und D. Das Dreieck CBD ist also gleichschenklig und damit sind die beiden Schenkel $\overline{BC}$ und $\overline{CD}$ gleich lang.

Seite 169 | Aufgabe 19

Das Dreieck, das entsteht, ist gleichschenklig. Daher muss der Winkel der Strecke durch K an den beiden Schenkeln gleich groß sein und $\frac{180 - \text{Winkel an der Spitze}}{2}$ betragen. Mithilfe dieses Winkels lässt sich das Dreieck konstruieren. Ebenfalls ist es möglich, mithilfe eines Kreises, dessen Mittelpunkt an der Spitze des gezeichneten Winkels liegt, das Dreieck zu konstruieren.

Seite 169 | Aufgabe 20

Flächeninhalt eines Dreiecks: $A = \frac{g\,h}{2}$

Die drei Teildreiecke ABP, APC und CPB haben als Höhen die drei Abstände von P zu den Seiten. Wir bezeichnen sie mit s, u und t. Die Grundseite ist jeweils die Dreiecksseite g = $\overline{AB}$ = $\overline{AC}$ = $\overline{BC}$ = g.

Der Flächeninhalt dieser Dreiecke ist also $\frac{g\,s}{2}, \frac{g\,u}{2}$ und $\frac{g\,t}{2}$.

Da der Flächeninhalt der Teildreiecke in Summe den Flächeninhalt des gesamten Dreiecks ergibt, gilt:
$\frac{gs}{2} + \frac{gu}{2} + \frac{gt}{2} = \frac{gh}{2} \Leftrightarrow s + t + u = h$

Die Abstände des Punktes zu allen Seiten ist gleich die Höhe des Dreiecks.

Seite 169 | Aufgabe 21

Zuerst faltet man das Papier der Länge nach in der Mitte. Anschließend faltet man eine der kurzen Seiten so, dass eine Ecke auf der gefalteten Mittellinie aufliegt und die andere Ecke gerade so noch nicht geknickt wird. Es entsteht ein Dreieck, das vorerst so gefaltet bleibt. Nun faltet man von der anderen kurzen Seite her das Papier so, dass es an der kurzen Seite dieses Dreiecks geknickt wird. Anschließend klappt man das Papier wieder vollständig auf und hat mittig das gleichschenklige Dreieck.

Seite 169 | Aufgabe 22

Man kann diese Zerlegung beispielsweise mithilfe eines Zirkels durchführen, dessen Radius so groß ist wie die Basis c des Dreiecks. Man zeichnet den Kreis so, dass die Zirkelspitze auf dem Punkt A angesetzt wird und der Kreis durch den Punkt B geht. Dort wo der Kreis den Schenkel a schneidet, ist der Punkt P. Durch die Strecke $\overline{AP}$ wird das Dreieck in zwei gleichschenklige Dreiecke geteilt.

8.2 Rechtwinklige Dreiecke

Seite 170 | Einstieg

Die Spitze des Geodreiecks bewegt sich auf einer Kreisbahn.

Seite 173 | Aufgabe 1

A: rechtwinklig, ④
B: gleichschenklig-rechtwinklig, ③
C: gleichseitig, ②
D: gleichschenklig, ①

Seite 173 | Aufgabe 2

Es muss eine zweite Seite (zweite Kathete oder Hypotenuse) oder ein zweiter Winkel bekannt sein.

Seite 173 | Aufgabe 3

Ist $|\overline{MA}| = |\overline{MB}| = |\overline{MC}| = r$, dann gilt $α + β = γ = 90°$.
Ist $α + β = γ = 90°$, dann gilt $|\overline{MA}| = |\overline{MB}| = |\overline{MC}| = r$.

Seite 173 | Aufgabe 4

a)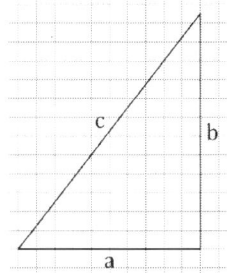
Gegeben sind zwei Seiten und ein Winkel.

b)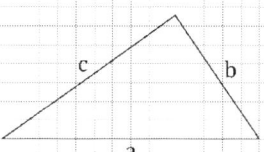
Gegeben sind eine Seite und die angrenzenden Winkel.

c)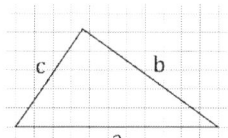
Gegeben sind zwei Seiten und ein Winkel.

d)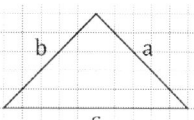
Die Basiswinkel betragen 45°, da das Dreieck gleichschenklig ist. Damit sind eine Seite und die angrenzenden Winkel gegeben.

Seite 173 | Aufgabe 5

Stina hat das Dreieck mithilfe eines Halbkreises durch die Punkte A und B konstruiert, da es sich um ein rechtwinkliges Dreieck handelt. Ronja hingegen hat zunächst den dritten Winkel berechnet und dann mithilfe der Winkel den Punkt C konstruiert.

Seite 173 | Aufgabe 6

a)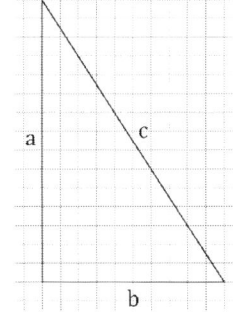
Konstruktion mit einem Halbkreis über C und einem Kreis mit Radius 5 cm um A.

b)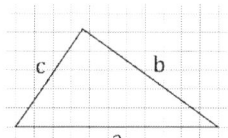
Konstruktion 1: Halbkreis über a und freier Schenkel mit $\gamma = 60°$.
Konstruktion 2: Zwei freie Schenkel mit $\gamma = 60°$ und $\beta = 30°$.

c)
Konstruktion 1: Halbkreis über a und freier Schenkel mit $\beta = 35°$.
Konstruktion 2: Zwei freie Schenkel mit $\beta = 35°$ und $\gamma = 55°$.

d)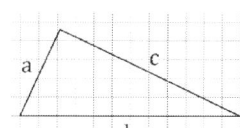
Es ist $\beta = 180° - 25° - 65° = 90°$.
Konstruktion 1: Halbkreis über b und freier Schenkel mit $\alpha = 25°$ oder $\gamma = 60°$.
Konstruktion 2: Zwei freie Schenkel mit $\alpha = 25°$ und $\gamma = 60°$.

Seite 173 | Aufgabe 7

Der Winkel ∢HCA beträgt 55° (rechter Winkel bei H, Winkelsumme ist 180°).
Der Winkel ∢DCB beträgt 125° (Nebenwinkel 180°).
Das Dreieck CBD ist gleichschenklig, da die Schenkel beide Radien des Kreises sind. Damit beträgt der Winkel ∢CBD 27,5°.
Der Winkel ∢ABE beträgt 55° (rechter Winkel bei E, Winkelsumme ist 180°).
Daraus ergibt sich: $\delta = 55° - 27,5° = 27,5°$.
Der Winkel ∢EGB beträgt 62,5° (Winkelsumme im Dreieck ist 180°).
Daraus folgt $\gamma = 117,5°$, da sich Nebenwinkel zu 180° ergänzen.

Seite 174 | Aufgabe 8

a) Die Punkte B und C sind durch a = 7 cm gegeben. Wegen des Thalessatzes liegt der Punkt A auf dem Halbkreis mit r = 3,5 cm

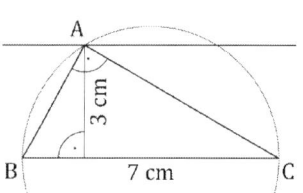

b) ①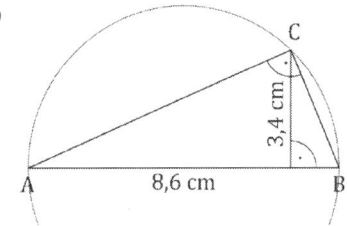

②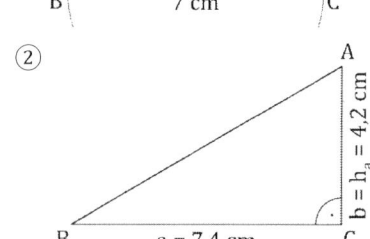

Seite 174 | Aufgabe 9

a)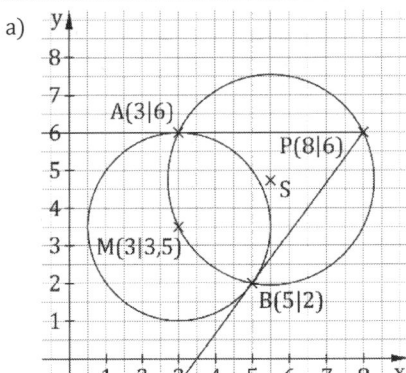
b)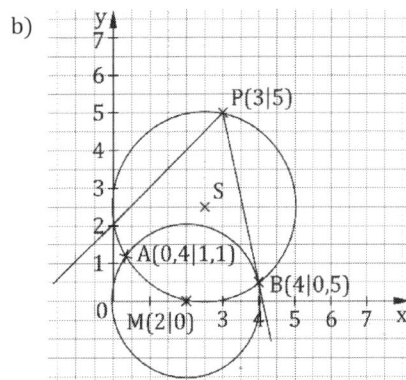

Seite 174 | Aufgabe 10

Voraussetzen kann man, dass $\overline{MD} = \overline{ME}$ (beides Radien des Kreises) und dass die Dreiecke MCD und MEC im Punkt D bzw. im Punkt E rechtwinklig sind (Thales). Da sie ebenfalls mit $\overline{MC}$ in einer weiteren Strecke übereinstimmen, sind die beiden Dreiecke nach SsW kongruent. Daher sind die Strecken $\overline{CD}$ und $\overline{CE}$ gleich lang.

Seite 174 | Aufgabe 11

Das Dreieck ABC hat bei C einen rechten Winkel, weil der Punkt C auf dem Kreis mit dem Durchmesser $\overline{AB}$ liegt. Der Winkel ∢ACM ist also 50° groß. Die Winkel ∢ACM und ε müssen zusammen 90° ergeben, weil $\overline{MC} \perp g$. Also ist ε 40° groß.

Seite 174 | Aufgabe 12

a)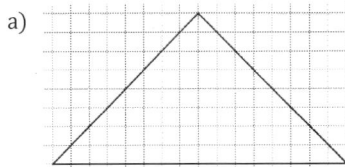

b) Der Flächeninhalt ist nun nur noch ein Viertel so groß wie ursprünglich.
c) Die Längen der Katheten müssen verdoppelt werden.

Seite 174 | Aufgabe 13

Der Flächeninhalt dieses Dreiecks lässt sich über zwei Wege berechnen. $A = a \cdot b = 0{,}5 \cdot c \cdot h \Leftrightarrow h = 4{,}8$ cm

Seite 175 | Aufgabe 14

a) β = 40° (Winkelsumme im Dreieck, Thales)   δ = 40° (Stufenwinkel)
b) $δ_1 = 40°$ (Winkelsumme, Thales; Scheitelwinkel) $δ_2 = 140°$ (Nebenwinkel)
    $β_1 = γ_2 = 20°$ (gleichschenkliges Dreieck) $γ_1 = 70°$ (Ergänzung zu 90° wegen Thales)
    α = 70° (Winkelsumme im Dreieck)

Seite 175 | Aufgabe 15

a) Man verbindet D mit M und bestimmt den Schnittpunkt mit dem Kreis mit r = 1.
b) P(0,20|−0,98)
c) Der Bereich wird durch die Punkte Q(0,36|−0,93) und R(0,36|0,93) begrenzt.

Seite 175 | Aufgabe 16

a) Ein Rechteck lässt sich durch seine Diagonale in zwei kongruente Dreiecke teilen, die einen rechten Winkel besitzen. Alle Eckpunkte liegen also auf einem Kreis mit dem Durchmesser der Diagonalen.

b) ① 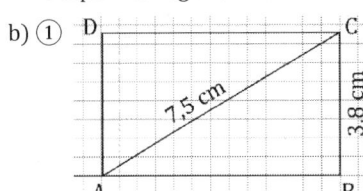 ② 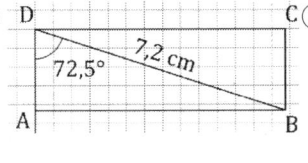 ③ 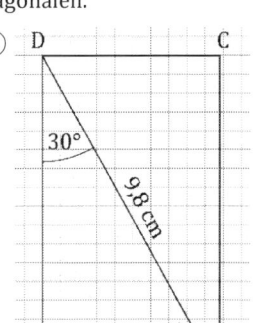 ④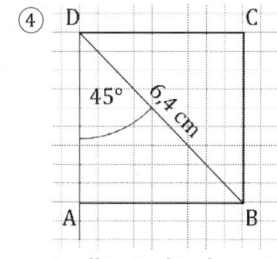

In allen Rechtecken sind die Diagonalen gleich lang.

In allen Rechtecken sind die Diagonalen gleich lang

Seite 176 | Aufgabe 17
Voraussetzung: $\gamma = 90°$
Behauptung: C liegt auf dem Halbkreis über der Strecke $\overline{AB}$ mit dem Mittelpunkt S.
Beweis: Liegt ein im Punkt C rechtwinkliges Dreieck vor, so ergibt sich nach der Winkelsumme im Dreieck: $\alpha + \beta = \gamma = 90°$.
Zeichne die Hilfslinie $\overline{CS}$ ein. Nach der Voraussetzung gilt $\overline{CS} = \overline{AS} = \overline{BS} = r$. Also gilt, dass C dem Kreis k(S; r) liegt.

Seite 176 | Aufgabe 18
Gesucht ist ein rechtwinkliges Dreieck mit den Eckpunkten Q, P und L, dabei ist L der Lotfußpunkt. Der rechte Winkel bei L liegt also auf einem Thaleskreis über der Strecke $\overline{QP}$.
Um das Dreieck zu konstruieren, wird der Mittelpunkt der Strecke $\overline{QP}$ als Mittelpunkt des Kreises mit dem Radius $\frac{QP}{2}$ gewählt.
Der Schnittpunkt dieses Kreises mit der Geraden g ist der Lotfußpunkt L, durch welchen das gesuchte Lot vom Punkt P aus geht.

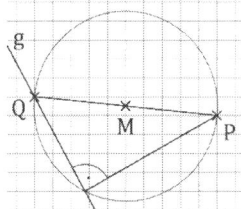

Seite 176 | Aufgabe 19
Der Winkel bei P bleibt konstant. Wenn die Strecke $\overline{AB}$ ein Durchmesser des Kreises ist, dann beträgt der Winkel bei P 90°.

Seite 176 | Aufgabe 20
Es wird angenommen, dass das Fahrzeug immer mittig im Ring zwischen den Kreisen fährt.
a) Das Fahrzeug darf maximal 5,77 m lang sein, damit es den Ring zwischen den Kreisen befahren kann.
b) Der Durchmesser des äußeren Kreises müsste mindestens 8,40 m betragen.

Seite 176 | Aufgabe 21
a) Die Winkel der Dreiecke auf dem Kreisbogen sind nach dem Satz des Thales beide 90° groß, also gleich.
Die Winkel der Dreiecke an der Geradenkreuzung in der Mitte sind gleich groß, da es Scheitelwinkel sind.
Also sind auch die jeweils dritten Winkel der Dreiecke gleich groß und es gilt $\alpha = \beta$.
b) Der linke untere Winkel wird ε genannt, der rechte untere Winkel φ genannt.
I Es gilt im rechten Dreieck:
$90° = \varepsilon + \varphi + \beta + \delta \Leftrightarrow \delta = 90° - \varepsilon - \varphi - \beta$ und $\beta = 90° - \varepsilon - \varphi - \delta$
II Es gilt im mittleren Dreieck:
$90° = \varepsilon + \varphi + \gamma + \delta \Leftrightarrow \gamma = 90° - \varepsilon - \varphi - \delta \Leftrightarrow \gamma = \beta$
III Im linken Dreieck gilt:
$90° = \alpha + \gamma + \varepsilon + \varphi \Leftrightarrow \alpha = 90° - \varepsilon - \varphi - \gamma = 90° - \varepsilon - \varphi - \beta$
Aus II und III folgt: $\alpha + \beta = 90° - \varepsilon - \varphi - \beta + \beta = 90° - \varepsilon - \varphi$
Aus folgt: $\gamma + \delta = \beta + \delta = \beta + 90° - \varepsilon - \varphi - \beta = 90° - \varepsilon - \varphi$
Also ist $\alpha + \beta = \gamma + \delta$

Seite 176 | Aufgabe 22
Die beiden Kreise schneiden sich auf der Geraden AC, da auf dieser der Punkt liegt, der mit den Punkt A und B ein rechtwinkliges Dreieck bildet. Zu jedem beliebigen Punkt C gibt es solch einen Punkt.

Seite 176 | Aufgabe 23
Man zeichnet zunächst einen Hilfskreis um den Mittelpunkt des großen Kreises mit einem Radius, der der Differenz der Radien beider Kreise entspricht. Anschließend zeichnet man den Thaleskreis über die Verbindungslinie der beiden Mittelpunkte. Anschließend verbindet man den Mittelpunkt des kleinen Kreises mit dem Schnittpunkt Thaleskreis/Hilfskreis. Vom Mittelpunkt des kleinen Kreises zeichnet man nun die Senkrechte zu dieser Geraden. Die Parallele zu dieser Geraden, die durch den Schnittpunkt der Senkrechten mit dem kleinen Kreis geht, ist die Tangente.

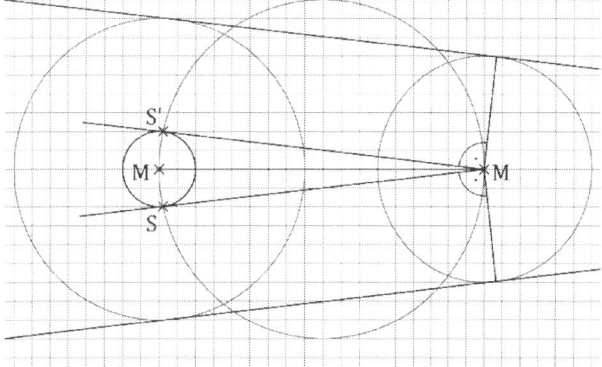

9 Konstruktionen

9.1 Besondere Linien und Punkte im Dreieck

Seite 182 | Einstieg
Wenn das Basecamp von allen drei Messpunkten gleich weit entfernt ist, befindet es sich im Mittelpunkt eines Kreises, dessen Kreislinie durch die drei Messpunkte geht.

Seite 184 | Aufgabe 1

a)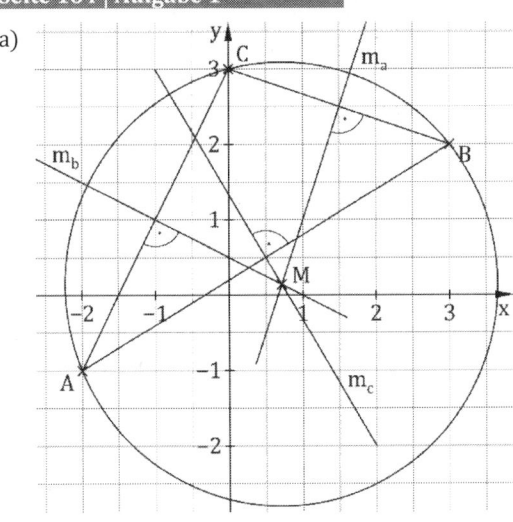

c)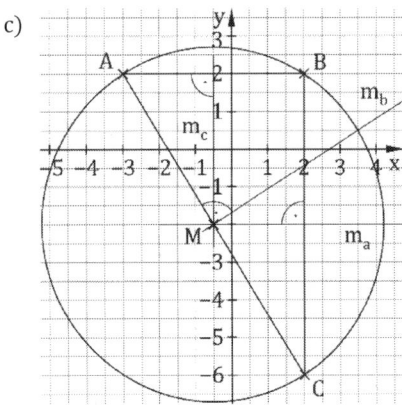

b)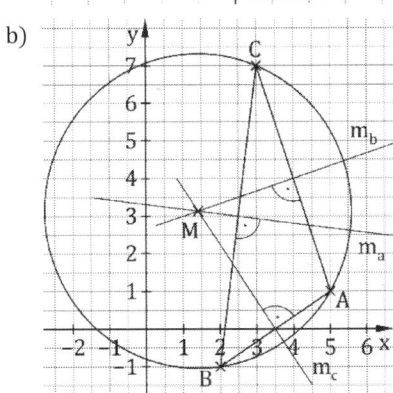

d)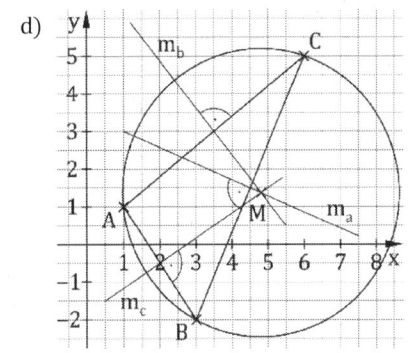

Seite 184 | Aufgabe 2

a)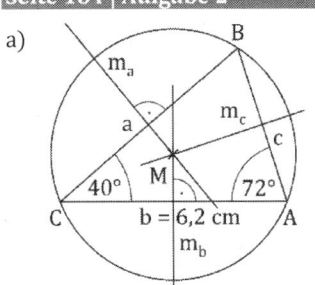

c)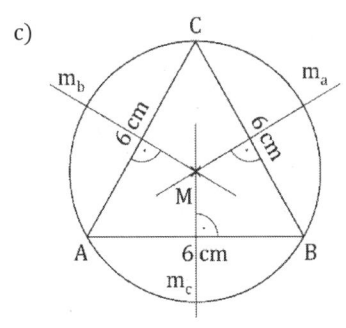

b)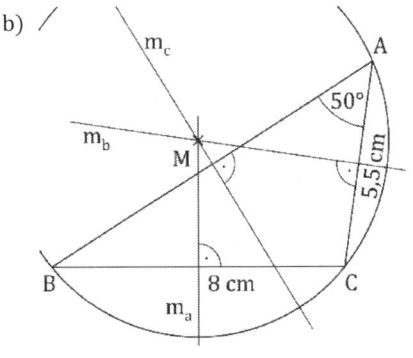

d)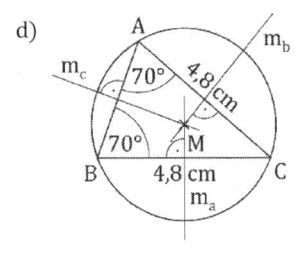

Seite 184 | Aufgabe 3

a)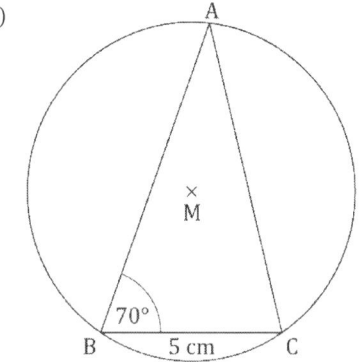

c)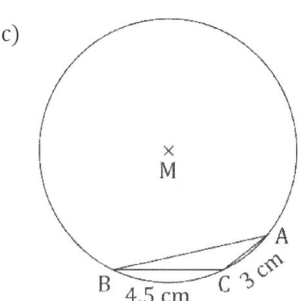

b)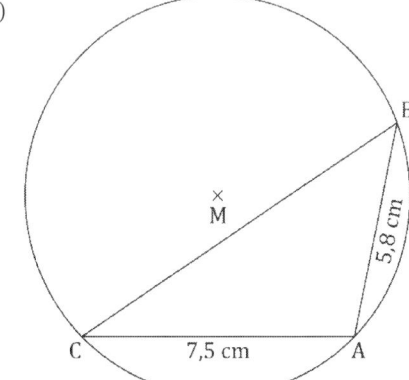

d)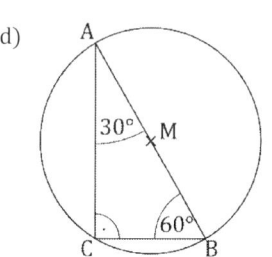

Seite 185 | Aufgabe 4

a) 1. Zeichne den Mittelpunkt M. 2. Kreis um M mit Radius r = 3cm. 3. Punkt A auf Kreislinie.
4. Kreis um A mit Radius c = 5,2cm. 5. Das ist der Punkt C. 6. Kreis um A mit Radius b = 2,6cm.
7. Das ist der Punkt B. 8. Dreieck ABC einzeichnen.

b) Für den Punkt B und den Punkt C sind jeweils zwei Punkte möglich.

c) (1) Für c = 6 cm ist die Lösung eindeutig. (2) Für c > 6 cm gibt es keine Lösung.

Seite 185 | Aufgabe 5

Bei einem stumpfwinkligen Dreieck liegt der Mittelpunkt außerhalb des Dreiecks. Bei einem spitzwinkligen liegt er innerhalb.

Seite 185 | Aufgabe 6

Er sollte ein Dreieck aus den drei Fundstellen bilden und den Umkreis dieses Dreiecks ermitteln. Auf der Kreislinie des Umkreises sollte er dann weiter suchen.

Seite 185 | Aufgabe 7

Faltet man das Papier dreimal so, dass zwei Halbkreise genau übereinander liegen, so liegt der Mittelpunkt des Kreises auf dem Schnittpunkt der Faltlinien.

Seite 185 | Aufgabe 8

a)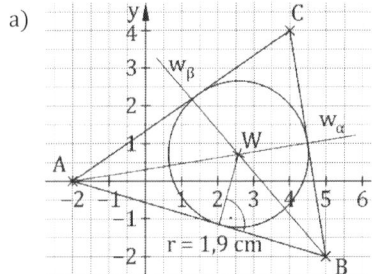

b)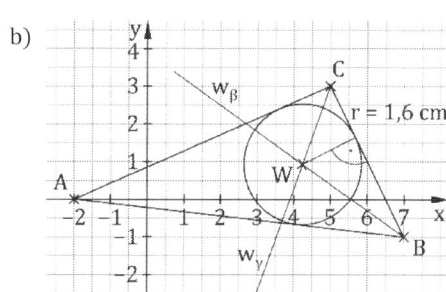

Seite 185 | Aufgabe 9

1. Zeichne die Strecke AB mit c = 6cm. 2. Trage an c in A den Winkel α an.
3. Trage an c in B den Winkel β an. 4. Die freien Schenkel von α und β schneiden sich in C.
5. Zeichne die Winkelhalbierende w_1 von β. 6. Zeichne die Winkelhalbierende w_2 von α.
7. Der Schnittpunkt von w_1 und w_2 ist S. 8. Zeichne die Senkrechte s zu BC durch S. s schneidet BC in D.
9. Zeichne den Kreis um S mit Radius $|\overline{SD}|$.
Es wird der Inkreis eines Dreiecks konstruiert.

Seite 186 | Aufgabe 10

a)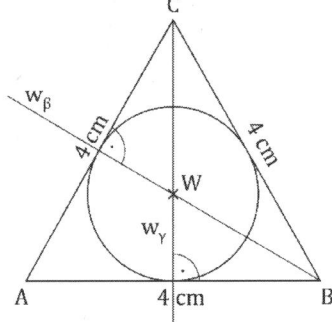

c)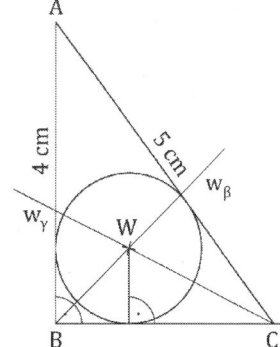

b)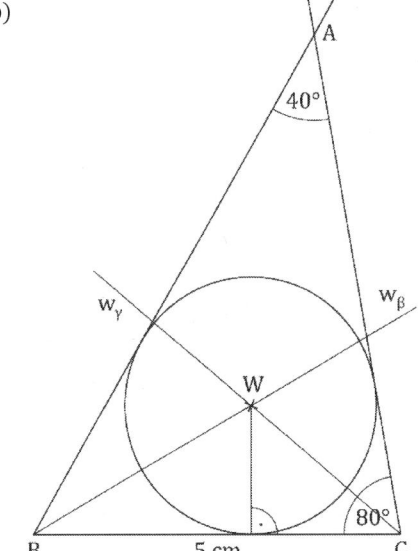

d)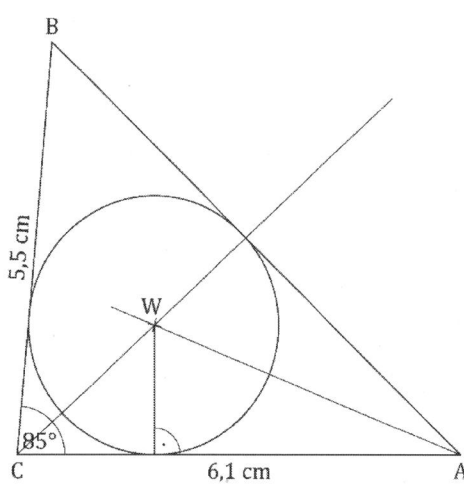

Seite 186 | Aufgabe 11

a)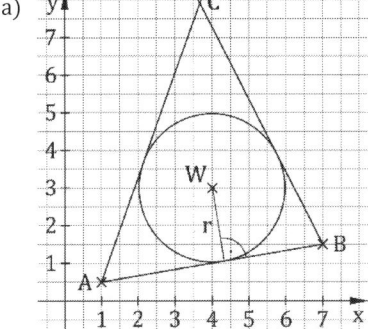

b)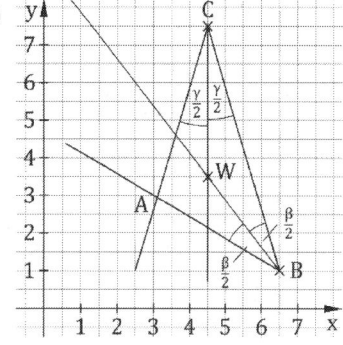

Seite 186 | Aufgabe 12

Ist das Dreieck gleichseitig, so fallen die Winkelhalbierenden mit den Loten zusammen.

Seite 186 | Aufgabe 13

Da das Dreieck gleichseitig ist, entsprechen die Winkelhalbierenden den Seitenhalbierenden. Daher ist der Schnittpunkt gleichzeitig der Mittelpunkt sowohl des In- als auch des Umkreises.

Seite 186 | Aufgabe 14

a) Das Dreieck balanciert genau dann auf dem Stift, wenn der Flächeninhalt auf der einen Seite des Stiftes der auf der anderen Seite entspricht.
b) Der Schnittpunkt der in a) beschriebenen Linien ist der Schwerpunkt des Dreiecks, an welchem man die Spitze des Stifts ansetzen muss, so dass das Dreieck ausbalanciert ist.

Seite 186 | Aufgabe 15

Ist das Dreieck spitzwinklig, so liegt H innerhalb des Dreiecks. Besitzt das Dreieck einen stumpfen Winkel, so liegt H außerhalb des Dreiecks. Liegt ein rechtwinkliges Dreieck vor, so liegt H am Scheitel des rechten Winkels.
Der Punkt S hingegeben liegt immer innerhalb des Dreiecks.

Seite 186 | Aufgabe 16
Das Dreieck ist zumindest gleichschenklig. Ebenso kann es gleichseitig sein, da die Höhe der Seite c mit der Seitenhalbierenden der Seite c zusammenfällt.

Seite 186 | Aufgabe 17
a), b), c)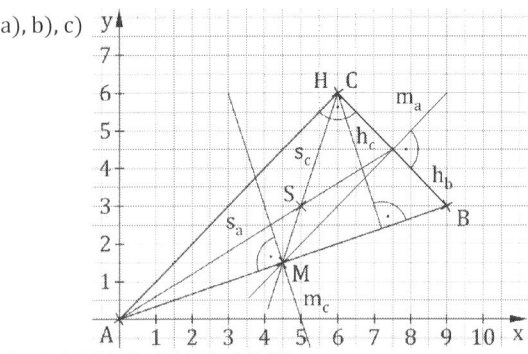

d) M(4,5|1,5), H(6|6), S(5|3)

Seite 187 | Aufgabe 18
individuelle Lösungen. In der Zeichnung ist:
die blaue Linie die Mittelsenkrechte m_c, die rote Linie die Winkelhalbierende w_γ, die grüne Linie die Höhe h_c, und die violette Linie die Seitenhalbierende s_c.

Seite 187 | Aufgabe 19
a) Das Dreieck ist gleichschenklig.
b) Das Dreieck ist gleichseitig.
c) Das Dreieck ist gleichschenklig.
d) Das Dreieck ist gleichschenklig.

Seite 187 | Aufgabe 20
Links: Martha wollte den Umkreis konstruieren. M_c hat sie dabei richtig konstruiert. Anstelle von m_a hat sie jedoch die Seitenhalbierende der Seite a eingezeichnet. Daher ist M nicht korrekt.
Rechts: Martha wollte den Inkreis konstruieren. W hat sie dabei richtig als Mittelpunkt des Inkreises konstruiert. Jedoch hat sie vergessen, eine Senkrechte zu W einzuzeichnen, um den Radius des Kreises zu bestimmen. Dadurch hat sie den Radius des Inkreises zu groß gewählt.

Seite 187 | Aufgabe 21
a) Die Aussage ist falsch. Ein sehr langes, flaches Dreieck kann auch bei großem Umkreis einen kleinen Flächeninhalt haben.
b) Die Aussage ist richtig.
c) Die Aussage ist falsch. Die Dreiecksseiten liegen in dem Umkreis.
d) Die Aussage ist richtig.

Seite 188 | Aufgabe 22
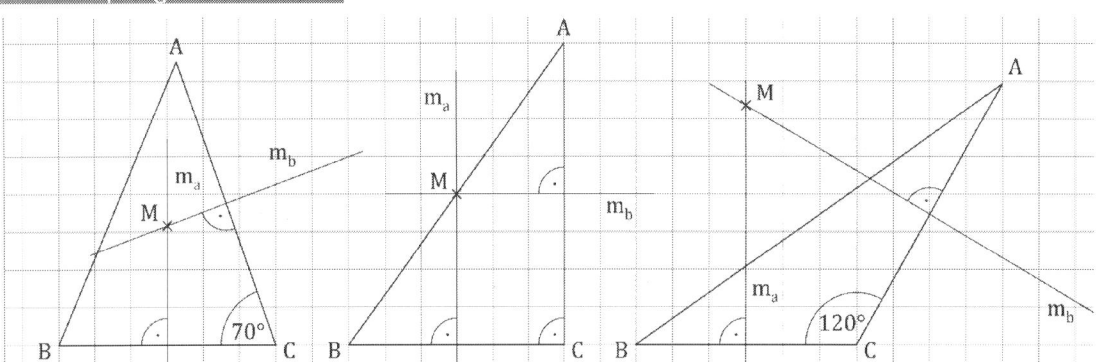

Für $\gamma_1 = 70°$ liegt der Umkreismittelpunkt innerhalb des Dreiecks. Für $\gamma_2 = 90°$ liegt der Umkreismittelpunkt auf c. Für $\gamma_3 = 120°$ liegt der Umkreismittelpunkt außerhalb des Dreiecks.

Seite 188 | Aufgabe 23
a)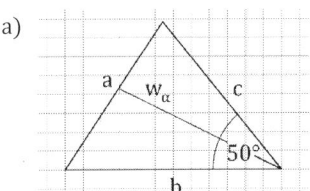

d)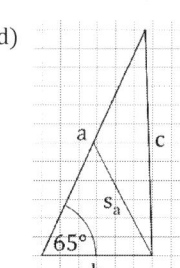

Die Dreiecke b) und c) lassen sich nicht eindeutig konstruieren.

Seite 188 | Aufgabe 24

a) $|\overline{BC}| = 5{,}41$; $|\overline{BM}| = 3{,}54$; $|\overline{BY}| = 3{,}27$; Zuerst hört er den Böller von Punkt Y, dann von Punkt M und zuletzt von Punkt C.

b) Gesucht ist der Umkreismittelpunkt des Dreiecks CMY. Er hat die Koordinaten M(2|3,1).

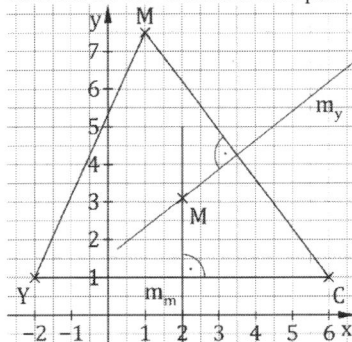

c) Ja, das ist möglich. Befindet er sich nicht im Mittelpunkt, aber z. B. auf der Mittelsenkrechten von y, so ist er von den Standorten von Martin und Carina jeweils gleich weit entfernt und hört die beiden Böller folglich gleichzeitig.

Seite 188 | Aufgabe 25

Die Winkelhalbierenden eines Quadrats schneiden sich in einem Punkt. Die Mittelsenkrechten eines Quadrats oder eines Rechtecks schneiden sich in einem Punkt.

Seite 188 | Aufgabe 26

a) $\overline{BG}$ ist die Seitenhalbierende von b und $\overline{CF}$ ist die Seitenhalbierende von c.

b) Der Punkt G liegt immer so, dass er die Seitenhalbierenden im Verhältnis 1:2 teilt.

Seite 188 | Aufgabe 27

a)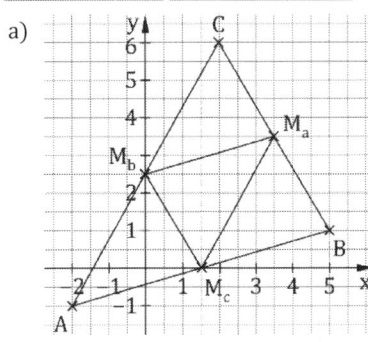

b) Jede Seite des Mittendreiecks ist parallel zur gegenüberliegenden Dreiecksseite und halb so lang wie diese. Der Flächeninhalt des Mittendreiecks beträgt genau $\frac{1}{4}$ des Dreiecks. Ebenso stimmen die Winkel der beiden Dreiecke überein.

c)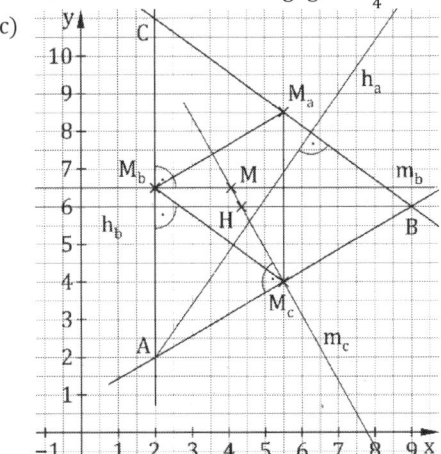

Seite 189 | Aufgabe 28

Zuerst zieht man in der abgebildeten Anordnung mithilfe des Lineals am Zentrierwinkel eine Linie. Anschließend dreht man das Holzstück und zieht erneut eine Linie. Der Schnittpunkt der beiden Linien ist der Mittelpunkt des Holzstücks.

Seite 189 | Aufgabe 29

a) Zwischen Dingolfing und Neufahrn in Niederbayern liegt der geometrische Mittelpunkt der drei Flughäfen.

b) Dass die Distanz zu jedem Flughafen gleich groß ist, heißt nicht automatisch, dass von dort aus alle Flughäfen gleich schnell erreicht werden können. Das Autobahnnetz und die vorhandene Infrastruktur sind ausschlaggebend. Geeignete Orte stellen Regensburg, Straubing und Deggendorf dar.

c) Cham, Regensburg, Straubing oder Deggendorf sind nun geeignete Orte für eine Zentrale.

Seite 189 | Aufgabe 30

a) Der Umkreismittelpunkt, der Höhenschnittpunkt und der Schwerpunkt liegen immer auf einer Geraden, der so genannten Euler'schen Geraden.
b) Ist das Dreieck gleichschenklig, so liegt der Inkreismittelpunkt ebenfalls auf dieser Geraden. Ist das Dreieck gleichseitig, so liegen der Umkreismittelpunkt, der Höhenschnittpunkt und der Schwerpunkt im selben Punkt.
c) Der Schwerpunkt S liegt stets innerhalb des Dreiecks und zwischen dem Umkreismittelpunkt und dem Inkreismittelpunkt.
d) individuelle Lösungen. Leonhard Euler war ein bedeutender Mathematiker, der im 18. Jahrhundert lebte.

Seite 189 | Aufgabe 31

a) Die Punkte A, B und C sind die Mittelpunkt der Seiten a', b' und c'.
b) Die Verlängerung der Höhen des Dreiecks ABC sind die Mittelsenkrechten des Dreiecks A'B'C'. Da sich die Mittelsenkrechten eines Dreiecks immer in einem Punkt schneiden, schneiden sich folglich auch die Höhen des Dreiecks ABC in einem Punkt.

9.2 Konstruktionen mithilfe von Dreiecken

Seite 190 | Einstieg
individuelle Lösungen

Seite 192 | Aufgabe 1
1. Zeichne die Strecke $\overline{AC} = b$ mit der Länge 7 cm.
2. Kreis um C mit dem Radius a = 9 cm.
3. Mittelpunkt M_b der Seite b bestimmen.
4. Kreis um M_b mit $r = s_b = 6$ cm.
5. Schnittpunkt der Kreise einzeichnen.
6. Das ist der Punkt B.
7. Dreieck ABC einzeichnen.

Seite 192 | Aufgabe 2
Das Teildreieck AHC lässt sich mithilfe des Kongruenzsatzes WSW eindeutig konstruieren. Anschließend trägt man den Punkt B auf der Verlängerung von HC ab, sodass gilt a = 5 cm. Nun kann man das Dreieck ABC einzeichnen.

Seite 192 | Aufgabe 3

a)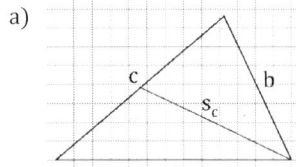

Konstruiere zunächst das Dreieck aus a, c/2 und s_c (drei Seiten gegeben), verlängere dann c um weitere 3 cm.

c)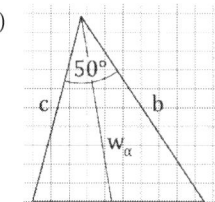

Zeichne zunächst das Dreieck aus b, w_α und $\alpha/2 = 25°$.

e)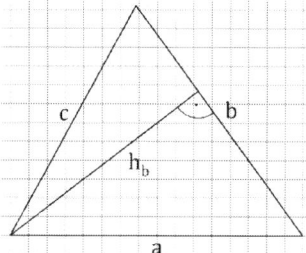

Zeichne zunächst mithilfe des Thaleskreises das Dreieck aus mit a und h_b. Verlängere die dritte Seite zu b so, dass sie sich mit dem Kreis um B mit Radius 7 cm schneidet.

b)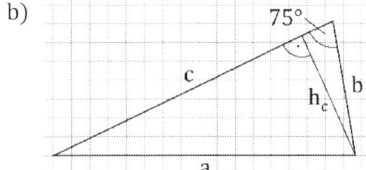

Zeichne eine Parallel zu c im Abstand 3,5 cm und schneide mit dem freien Schenkel im Winkel 75°, auf dem b liegt.

d)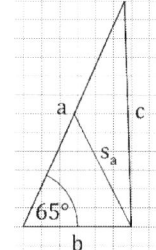

Zeichne zunächst das Dreieck aus b, dem freien Schenkel im Winkel 65°, auf dem a liegt und s_a.

f)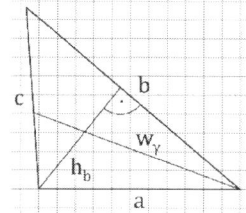

Zeichne zunächst mithilfe des Thaleskreises das Dreieck aus mit a und h_b. Zeichne w_γ ein, verbinde den Endpunkt mit B zum freien Schenkel, auf dem dann c liegt. A ist der Schnittpunkt der freien Schenkel, auf denen c und b liegen.

Seite 192 | Aufgabe 4

Maximilian:
1. Zeichne die Strecke $\overline{AB} = c$ mit der Länge 7,5 cm.
2. C liegt auf dem freien Schenkel von $\alpha = 60°$.
3. C liegt auf der Parallelen zu c mit dem Abstand $h_c = 3$ cm.

Veronique:
1. Zeichne c und die Höhe h_c.
2. A liegt auf dem freien Schenkel des Dreiecks AFC mit $\gamma = 30°$.
3. B liegt auf dem Kreis k um A mit dem Radius c = 7,5 cm.

Seite 192 | Aufgabe 5

a)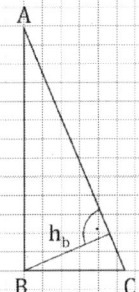
Konstruktion mit dem Thaleskreis über $\overline{AC}$ und einer Parallelen im Abstand 2,5 cm.

c)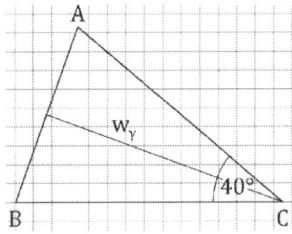
Zeichne zunächst w_γ, trage auf beiden Seiten des einen Endpunktes freie Schenkel mit je 20° ab. Die Winkel bei A und B haben jeweils das Maß 70°.

e)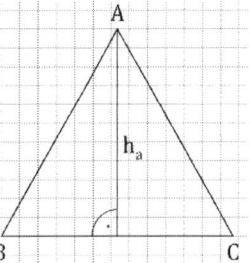
Zeichne zunächst die Höhe h_a. Trage bei A zwei freie Schenkel mit Winkelmaß jeweils 30° ab. Zeichen am anderen Ende eine Gerade im rechten Winkel zu h_a.

b)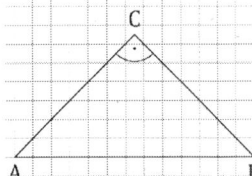
Konstruktion mit dem Thaleskreis über $\overline{AB}$, die Winkel bei A und B haben jeweils das Maß 45°.

d)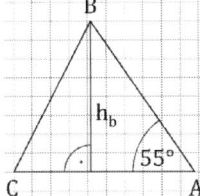
Konstruiere zunächst das Dreieck aus h_b und c (eine Seite und zwei Winkel gegeben). Verlängere dann den Schenkel, auf dem b liegt, soweit, bis $b = c$ ist.

Seite 192 | Aufgabe 6

Da $s_c < h_c$ ist, kann das Dreieck nicht konstruiert werden. Gilt $s_c \geq h_c$, so kann das Dreieck konstruiert werden.

Seite 193 | Aufgabe 7

Konstruktion möglich:
$h_c = 3$ cm, $b = 5$ cm, $a = 4$ cm;
$a = 6$ cm, $h_a = 3$ cm, $s_a = 4$ cm;
$h_a = 5$ cm, $b = c = 5$ cm;
$h_b = 4$ cm, $\alpha = 80°$, $\gamma = 30°$
$b = c = 5$ cm, $w_\gamma = 3$ cm;

Seite 193 | Aufgabe 8

Emils Aussage ist richtig. Zeichnet man um den Mittelpunkt der Seite a einen Kreis mit Durchmesser a, so schneidet dieser die Seite c in dem Punkt, von welchem die Höhe h_c zum Punkt C geht.

Seite 193 | Aufgabe 9

a)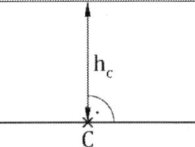
Der Punkt C kann auf der Parallelen zu c liegen, die den Abstand h_c hat.

b)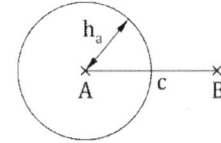
Der Fußpunkt der Höhe h_a liegt auf dem Kreis um den Punkt A mit Radius h_a.

Seite 193 | Aufgabe 10

a) Es sind die drei Seitenlängen gegeben, sodass das Dreieck konstruiert werden kann, indem man eine Seite zeichnet und an den Eckpunkten die anderen beiden Seiten mit dem Zirkel abträgt.
b) Zeichne die Höhe $h_c = 4$ cm. Die beiden Winkel zwischen der Spitze der Höhe und den Seiten betragen jeweils 30°. Die Höhe halbiert den Dreieckswinkel 60°.
c) Das Dreieck ist identisch mit dem Dreieck aus Aufgabenteil b), da in gleichseitigen Dreiecken die Höhe eine Winkelhalbierende ist.
d) Zeichne zunächst den Umkreis. Bestimme einen Punkt auf der Kreislinie und trage von ihm zwei Seiten mit dem Winkel 60° zwischen ihnen ab.

Seite 193 | Aufgabe 11

Beispielsweise kann die Angabe $h_a = 7$ cm ergänzt werden und das Dreieck ist konstruierbar.

Seite 193 | Aufgabe 12

a) Marianne kann die Höhe des Turms bestimmen, indem sie mit den gemessenen Angaben ein maßstäbliches Dreieck konstruiert (beispielsweise mit der Seitenlänge 20 cm statt 20 m). Gegeben ist $a = 20$ m, $\beta = 40°$ und $\gamma = 90°$, es ergibt sich $h_a = 16{,}78$ m

b) Nehmen wir an, Marianne bewegt sich in einem Dreieck auf der Seite c und im Punkt C liegt der Turm. Misst sie nun in einem Punkt A den Winkel α zum Punkt C und im Punkt B den Winkel β, so entspricht der Abstand zum Turm der Höhe h_c des Dreiecks.

Seite 194 | Aufgabe 13

a) keine Lösung: $h_c > 3\,cm$; eine Lösung: $h_c = 3\,cm$; zwei Lösungen für $0 \leq h_c \leq 3\,cm$
b) keine Lösung: $s_a \leq 5\,cm$; eine Lösung: $s_a > 5\,cm$
c) keine Lösung: $\alpha \geq 60°$; eine Lösung: $0 < \alpha < 60°$
d) keine Lösung: $\gamma > 143°$; eine Lösung: $36° < \gamma \leq 143°$; zwei Lösungen: $\gamma \leq 36°$
e) eine Lösung: $s_c < 2{,}5$; zwei Lösungen: $s_c > 2{,}5$
f) keine Lösung: $a < h_c, a > \sqrt{h_c^2 + c^2}$; eine Lösung: $a \geq h_c$

Seite 194 | Aufgabe 14

a) 1. Zeichne die Strecke $\overline{AB} = a$ mit der Länge 4 cm.
2. D liegt auf dem freien Schenkel von α = 45°.
3. D liegt auf dem Kreis k um A mit dem Radius d = 6 cm.
4. C liegt auf dem freien Schenkel von δ = 100°.
5. D liegt auf dem Kreis l um D mit dem Radius c = 5 cm.
6. Zeichne das Viereck ABCD.

b)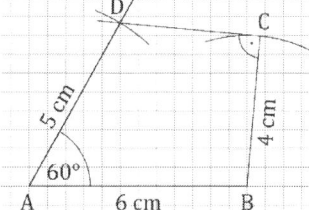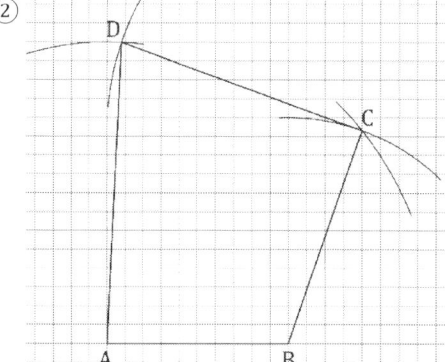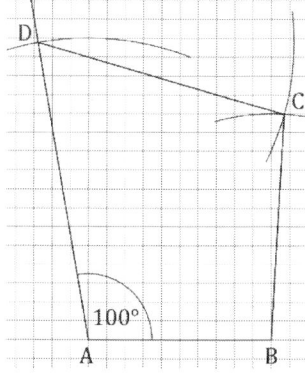

Seite 194 | Aufgabe 15

a) M_1, M_2, M_3 und M_4 sind die Mittelpunkte der vier Dreiecke, die durch die Diagonalen des Vierecks gebildet werden.
b) Die vier Mittelpunkte bilden immer ein Rechteck.

Seite 194 | Aufgabe 16

Der Schwerpunkt als Schnittpunkt der Seitenhalbierenden teilt die Seitenhalbierenden im Verhältnis 2:1, wobei der längere Teil zur Spitze hinzeigt. Mit dieser Information lässt sich ein Dreieck mit den gegebenen Angaben konstruieren.

Seite 194 | Aufgabe 17

a) Markus zeichnet zunächst die Höhe $h_c = 8\,cm$ und eine Senkrechte dazu im Fußpunkt. Von der Spitze zeichnet er einen freien Schenkel im Winkel 55° (Winkelsumme im Dreieck). Er zeichnet dann einen Kreis mit dem Radius c – 5 cm um A. Der Schnittpunkt dieses Kreises mit der Senkrechten zur Höhe ist B.

b)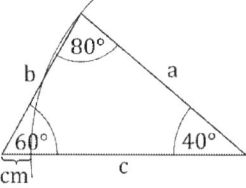

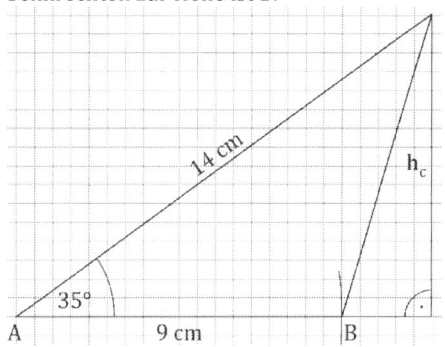

c) individuelle Lösungen